바꿀 수 없는 것을
바꾸지 않을 용기

나를 있는 그대로
사랑하는 연습

천하이셴 지음
박영란 옮김

더페이지

우리가 바꿀 수 있는 것,
바꿀 수 없는 것

한동안 나는 SNS에서 '고민 상담 코너'를 운영했다. 수많은 독자가 편지를 보내와 고민을 털어놓았다.

"다른 사람의 평가가 두려워서 늘 위축됩니다. 어떡해야 할까요?"

"부모를 용서할 수 없습니다. 그들의 사과를 기다려야 할까요?"

"실패한 과거에서 벗어나지 못하겠어요. 이런 저도 다시 시작할 수 있을까요?"

"남부럽지 않게 잘 지내는데, 왜 늘 불안한 걸까요?"

"하고 싶은 일이 자꾸 바뀝니다. 정말 좋아하는 걸 찾으려면 어떻게 해야 할까요?"

※

이런 고민에 답하며 나는 끊임없이 스스로에게도 질문을 던졌다. 이 모든 문제의 본질은 무엇일까? 그러다 문득 한 가지 생각이 떠올랐다.

'우리가 삶에서 겪는 많은 고민은, 통제할 수 없는 것을 통제하려 하면서 생긴다. 반면, 통제할 수 있는 것에 대해서는 책임지기를 꺼린다.'

우리는 우리의 과거, 부모, 환경, 타인의 생각, 운명 등을 통제할 수 없다. 그런데도 '세상은 이래야 해' '사람들은 날 좋아해야 해' 같은 기대를 품고 불안해한다. 반면에 우리가 통제할 수 있는 것들, 예를 들어 오늘 해야 할 일, 받아들이려는 태도, 성장하려는 노력에는 관심을 덜 기울인다. 그 이유는 단순하다.

첫째, 그것이 어렵기 때문이다.
둘째, 너무 소소해서 눈에 차지 않기 때문이다.

어느 날 나는 한 내담자를 만났다.
"저는 너무 많은 시간을 낭비했어요. 인제 와서 돌이켜 보면 후회뿐이에요."
나는 그에게 물었다.
"과거를 바꿀 수 있나요?"

"아니요."

"그럼, 지금 당신이 할 수 있는 일은 무엇인가요?"

그는 잠시 고민하더니 대답했다.

"사실 머리로는 다 알고 있어요. 하지만 마음이 따라주지 않아요."

그 순간 나는 깨달았다. 그는 아직 '진짜' 이해한 것이 아님을. '이해했다'라는 것은 행동으로 옮기는 것이다. 행동하지 않는 이해는, 진정한 이해가 아니다.

나는 그에게 작은 메모를 하나 건넸다.

"불안이 밀려올 때 이걸 소리 내어 읽어보세요."

메모에는 단 두 가지 질문이 적혀있었다.

"내가 통제할 수 있는 것인가?"

"아니라면, 내가 통제할 수 있는 것은 무엇인가?"

라인홀드 니부어Reinhold Niebuhr의 기도문을 떠올려보라.

"신이시여, 제가 바꿀 수 없는 것을 받아들일 평온함과 제가 바꿀 수 있는 것은 바꿀 용기를 주소서. 그리고 이 둘을 분별할 지혜를 주소서."

이 기도문은 용기와 겸손을 담고 있다. 이 세상은 불완전하고, 우리 자신도 불완전하다. 바꿀 수 없는 것을 받아들이려면 우리의 불완전함을 인정해야 한다. 그럴 때 비로소 불완전함 속에서도 결핍이 아닌 생명력을, 부족함이 아닌 가능성을 발견할 수 있다.

우리는 왜 불안한가? 우리는 '완벽하지 않은 나'를 견디기 힘들어한다. 그 부족함을 채우려 애쓰지만, 때로는 '열심히 노력하는 것'조차 불안을 감추기 위한 도피가 되기도 한다.

미래를 꿈꾸는 것은 지금이 불만족스럽다는 뜻이다. '더 나은 내가 되겠다'라는 말은 지금의 나를 부정한다는 뜻이다. 하지만 '지금의 나'가 바로 우리의 전부다. 이 책을 쓴 이유도 여기에 있다. 이 책을 고른 당신은 아마 이런 고민을 하는 사람일 것이다.

- ☐ 민감하고 내성적이다.
- ☐ 열심히 살고 싶은데 의지가 부족하다.
- ☐ 평범함도 두렵지만, 경쟁도 두렵다.
- ☐ 사람들과 잘 지내고 싶지만, 그들의 평가가 신경 쓰인다.
- ☐ 가끔은 외로움을 타고, 가끔은 혼자가 더 좋다.
- ☐ 문득 인생의 의미가 의심스럽고, 허무해진다.

만약 위에 해당한다면, 이 책은 당신을 위한 것이다.

불안에서 벗어나려면 어떻게 해야 할까? 나 또한 오랜 시간 이런 고민을 해왔다. 어릴 적 작은 섬마을에서 나고 자라 중학생 때 처음으로 큰 도시로 나왔다. 새로운 환경, 치열한 경쟁, 외로움 속에서 나는 '심리학'이라는 답을 찾았다. 그렇게 대학에서 심리학을 전공했고, 박사 과정을 밟으며 상담사가 되었다. 그러나 심리학을 공부했다고 해서 불안이 사라지는 건 아니었다. 불안은 그저 어느 순간 점점 중요하지 않은 것이 되었다. 삶에 더 소중한 것이 많아지면서 말이다. 봄의 꽃, 가을의 달, 사랑하는 사람 그리고 끝없이 펼쳐진 새로운 세상. 그제야 깨달았다. 완벽해야 행복한 것이 아니라 그냥 '완벽하지 않아도 괜찮은 상태'가 행복이라는 것을.

언젠가 나는 이런 이야기를 들었다.

옛날 한 사원에 노스님과 어린 스님이 살았다. 어느 날 두 사람은 멀리 떠났다가 밤이 되어서야 돌아오게 되었다. 어린 스님은 걱정스러운 얼굴로 물었다.

"스님, 길도 멀고 캄캄한데… 이 작은 등불 하나로 어떻게 절까지 가나요?"

노스님은 미소를 지으며 답했다.

"발밑을 보아라."

그 순간 어린 스님은 깨달았다. '한 걸음'이 보이면, 그 한 걸음이 다음 걸음을 밝혀준다는 것을.

이 책에서 다루는 고민도 마찬가지다. 우리는 자꾸 '먼 곳'을 걱정한다. 완벽한 자아, 뚜렷한 목표, 모두에게 사랑받는 인간관계, 빠른 성공… 하지만 그 모든 것이 꼭 필요할까? 우리가 지금 할 일은 발밑을 보며 한 걸음씩 내딛는 것뿐이다. 걱정하지 않아도 된다. 그 길은 어디까지든 이어질 테니까.

이 책을 처음 완성하고, 주변의 몇몇 친구들에게 보여주었다. 그들은 이렇게 말했다.

"이 책, 정말 위로된다."

"나를 이해받는 기분이야."

"읽고 나니 삶을 계속 살아가고 싶어졌어."

그들의 말이 정말 이 책의 힘인지, 아니면 그냥 친구로서 건넨 격려였는지, 그건 나도 잘 모르겠다. 하지만 한 가지는 확신한다. 이 책은 진심으로 썼다. 그리고 진심으로 쓴 책은, 언젠가 꼭 읽어줄 사람을 만난다. 그러니 이제 선택은 당신에게 맡기겠다. 이 책이 당신에게 어떤 의미가 될지는, 이제 당신이 결정할 일이다.

차례

2장   부모와 새로 관계를 맺는 중입니다

3장 변화는 받아들임에서 시작된다

4장   어떻게 끝내고 어떻게 시작할 것인가?

1장

행복의 근원은
어디에 있을까?

주변 환경 때문에 겪는 고민은, 우리 내면에 자리한 문제에 비하면 실로 사소한 것에 지나지 않는다.

— 올리버 홈스(Oliver Wendell Holmes)

하찮고 사소한 일이 언제나 번거로움만을 뜻하지는 않는다. 그런 것에서 완전히 벗어나야 비로소 수행이 시작되고, 올바른 길에 들어설 수 있다고 생각하지 말라. 오히려 우리가 나아가야 할 길은 바로 그 사소한 일 속에 놓여있다.

— 게리 스나이더(Gary Sherman Snyder)

꿈보다 소중한
지금 이 순간

＊

＊

＊

＊

＊

당신에게 반드시 이루고 싶은 목표가 있고, 그 목표를 위해 평생 끈질기게 노력하며 수많은 고통과 희생을 감내했다고 해보자. 그런데 목표가 이루어지기 바로 전날 갑자기 당신이 죽게 된다면, 당신은 자신의 인생을 어떻게 평가할까? 또 어떤 의미를 부여할 수 있을까?

애니메이션 영화 〈소울Soul〉은 바로 그런 이야기를 다룬다. 주인공 조는 성공하지 못한 재즈 피아니스트로, 영화는 그의 인생을 음악에 대한 꿈과 그 꿈을 이루기 위해 치러야 했던 대가라는 상반된 두 측면에서 보여준다.

그에게는 연로한 어머니 외에 가족도 없고, 재즈를 제외한 다른 일에는 관심도 없기에 되는대로 무심히 살아간다. 생계를 유지하기 위해 중학교에서 음악을 가르치긴 하지만 역시 이 또한 즐겁지 않다. 음악을 좋아하지 않는 학생들과 보내는 시간은 그저 세월을 낭비하는 일로 느껴질 뿐이다. 사실, 그도 재즈를 진심으로 즐기는 것은 아니다. 어쩌면 예전에는 즐겼을지 모르지만, 점점 그에게 음악은 삶의 실패를 체감하는 하나의 상징이 되어버렸다. 그에게는 단지 성공해야겠다는 생각뿐이고, 더 큰 무대에 올라 수년간의 노력이 결실을 보기를 바랄 뿐이다.

그러던 어느 날, 그는 유명한 재즈 스타와 같은 무대에서 공연할 기회를 얻었다. 운명의 장난인지 마침내 인생의 전환점을 맞이하려는 순간, 그는 기쁨에 도취해 맨홀에 빠져 죽고 만다.

이제 정말 진짜 인생이 시작되는 줄 알았는데, 이렇게 갑자기 끝나버리다니, 그는 도무지 이해할 수 없었다. 그러다 생전 세계인 '태어나기 전 세상'에 도착하게 되고, 태어나고 싶은 의지가 전혀 없는 고집 센 영혼 '22'를 만나게 된다. 그의 멘토가 된 조는 함께 지구로 돌아갈 방법을 모색하며 모험을 시작한다. 그 과정에서 꿈에 집착하느라 미처 보지 못한 세상을 다시 보며 새로운 인생의 의미를 깨닫게 된다.

영화도 매우 인상적이었지만, 영화를 보고 난 사람들의 반응 역시 깊은 여운을 남겼다. 꿈을 좇아 고군분투해 온 내 친구들은 이 영화를 보고 치유받았다며 입을 모아 극찬했다. 그런데 평범하고 안정된 삶을 살아온 사람들은 그다지 큰 감흥이 없는 듯 보였다. 한 내담자는 아내와 함께 영화를 보고 나눈 대화를 이렇게 전해주었다.

"이 영화가 말하는 건 결국 현재를 살아가라는 거잖아? 나는 매일 매일 현재를 잘 살아가고 있어!"

물론 이 영화는 '현재를 살아가는 삶'에 관한 이야기이기도 하지만, 그것이 전부는 아니다. 어떤 의미에서는 꿈이 지닌 잔인함을 이야기하고 있는지도 모른다. 그 잔인함은 단순히 세속적인 의미의 꿈을 이루는 기회가 얼마나 희박한지를 상기시키는 데 그치지 않는다. 더 나아가 꿈을 추구하는 과정을 통해 한 사람의 인생을 어떻게 만들어가는지를 이야기한다.

꿈의 이중성

꿈의 장점은 우리 삶에 목표를 부여하고, 삶을 재구성함으로써 무엇이 중요하고 중요하지 않은지, 무엇이 가치 있고 무가치한지, 무엇을 해야 하고 하면 안 되는지 등을 확립하도록 도와준다는 점이다. 그뿐만 아니라 분명한 목표가 있으면 우리는 인생에 더욱 집중할 수 있다.

하지만 너무 지나치게 꿈에 집착한다면 꿈을 이루려고 준비하는 삶과 꿈을 이룬 삶이라는 두 부분으로 인생을 나누어 생각하게 된다. 꿈을 이룬 삶에 이르러야만 비로소 진정한 인생이 시작되는 것처럼 말이다. 그렇게 되면 꿈을 이루지 못한 시기의 우리 삶은 영원히 시작되지 않는 것처럼 느껴진다.

꿈에만 집착하다 보면 목표를 협소화하는 심리적 상태에 빠질 수 있다. 경마장에서 눈가리개로 경주마의 눈을 가리는 것과 같은 맥락이다. 이렇게 하면 말이 경주 중에 다른 것에 신경 쓰지 않고 오로지 앞만 보고 달릴 수 있다. 사실 꿈이란 우리가 자신에게 씌운 눈가리개와도 같다. 차이가 있다면 경주를 마치면 기수는 경주마의 눈가리개를 벗겨주지만, 우리는 가끔 꿈에 너무 집착한 나머지 그것을 계속 착용하고 있다는 것이다.

그렇다면 우리가 놓치고 있는 것은 무엇일까?

영화 〈소울〉에서 주인공은 영혼으로 다시 인간 세상에 돌아오지만, 그의 머릿속은 여전히 공연으로 가득 차 있다. 그러나 인간 세상에 전혀 관심이 없고 아무런 흥미도 느끼지 않던 작은 영혼과 함께하게 되면서 그는 비로소 세상의 아름다움을 새롭게 발견한다. 맛있는 피자와 동네 친구들, 어머니의 지지, 학생들의 신뢰, 되돌아보니 소소한 삶의 즐거움이 곳곳에 숨어있었다. 이것은 결코 무의미한 것이 아니라 오히려 그가 살아있다는 증거였다.

'인생의 꿈을 가진 사람들은 이렇게 많은데, 그중 오직 소수만이 그 꿈을 이룬다. 그렇다면 그 꿈을 이루지 못한 사람들은 어디로 갔을까? 그들은 어떻게 실망에서 벗어나 다시 잘 살아갈 수 있을까? 만약 열심히 쫓았던 꿈을 이루지 못한다면 그들에게 남은 것은 무엇일까?' 가끔 나는 이런 생각을 하곤 했다. 그런데 영화 속 인기 있는 이발사가 해답을 주었다. 그의 어린 시절 꿈은 수의사였다. 그가 이발사가 된 이유는 수의사가 되는 데 드는 비용이 이발사가 되는 비용보다 훨씬 비쌌기 때문이라고 했다. 그러나 누군가 그를 동정하려고 하자, 그가 말했다.

"그렇게 보지 않아도 돼요. 난 지금도 좋아요."

그는 이발 솜씨가 뛰어난 데다가 손님들에게 친절하며 지금 하는 일을 좋아한다. 무엇보다 많은 사람이 그를 좋아한다.

이것이야말로 대부분 사람의 현실이 아닐까? 꿈을 이루지 못한 사람들은 현실 속에서 새로운 의미를 찾는다. 이 의미는 어쩌면 꿈만큼 거창하지도 않고 언급할 가치가 없을 수도 있지만 삶을 향한, 삶에 대한 열정을 품고 있다. 무언가에 몰입하고, 흥미를 느낀다는 것 자체가 풍요로운 삶을 살고 있다는 방증이지 않은가.

꿈을 향해 사는가, 삶을 위해 꿈꾸는가

꿈은 생명이라는 강에서 탄생한다. 생명력이란 이런 것이다. 꿈은 긴장감을 느끼게 하지만 삶의 어딘가가 막히고 원래의 꿈이 중단되더라도 여전히 자신을 위한 출구를 찾아 나갈 수 있다. 다만 그것이 세상에서 말하는 성공과 같은 길은 아닐 수도 있다. 손님의 머리를 이발하면서 즐거움을 느끼는 이발사나 좌절한 학생의 이야기를 듣고 위로해 주는 선생님처럼 우리는 여전히 무언가에 몰두하기를 원하고 그 안에서 다시 의미를 찾고자 한다.

물론 꿈이 이루어지지 않았을 때의 실망과 고통을 과소평가해서는 안 된다. 내가 아는 한 친구는 어릴 때부터 〈반지의 제왕〉이나

〈굿 윌 헌팅〉과 같은 영화에서 영감을 받아 언젠가 스크린에 나오는 배우가 되기를 꿈꿨다. 실제로 한 연예 기획사에서 그와 계약하려 했을 때, 한 치의 주저함 없이 명문대 대학원의 진학 기회를 포기하고 기꺼이 베이징에서 새로운 도전의 삶을 선택했다. 하지만 젊은 배우의 삶은 높은 지출과 제한적인 수입으로 매우 고달팠다. 중요한 것은 그가 꿈과 현실 사이에서 큰 괴리감을 느꼈다는 것이다. 그는 예술가를 꿈꿨는데 현실에서는 천박한 부잣집 도련님 역을 연기할 수밖에 없었다. 이 역할에 깊이와 섬세함을 더하려 하면 사람들은 언제나 비웃곤 했다. 결국 그는 버티지 못하고 라이브 커머스 시장으로 진출해 진행자가 되었다. 잘생긴 외모와 전문적인 소양 덕분에 그는 이 업계에서 빠르게 성공했고 많은 돈을 벌었다.

새로운 분야에서 성공했다고 잃어버린 꿈을 보상받을 수 있을까? 절대 그럴 수 없다. 그는 배우라는 꿈을 종종 떠올리곤 했다. 꿈은 그의 삶에 고통을 안겨주었지만, 동시에 삶의 좌표를 제공하기도 했다. 그럼 지금은 어떨까? 그는 가끔 꿈을 잃어버린 것에 대한 상실감으로 자신이 누구인지 알 수 없어 답답함을 느낀다.

나도 이 이야기가 좋은 결말로 끝나길 바라지만 그를 만났을 때 그런 기미는 전혀 보이지 않았다. 어쩌면 그도 수많은 어려운 탐색 과정을 거치고 난 후에야 비로소 자신을 다시 찾을 수 있을 것이다. 나는 꿈을 이루든 이루지 못하든, 삶은 언제나 계속해서 앞으로 나아가야 한다고 생각한다. 꿈을 잃어버리면 새로운 꿈을 찾을 기회도 반드시 찾아오기 마련이다.

그리고 진짜 문제는 우리가 꿈에 관해 이야기할 때, 단순히 꿈을 추구하기 위해 사는 것인지 아니면 살아가기 위해 꿈을 추구하는 것인지 명확히 이해할 필요가 있다.

만약 삶을 위해 꿈을 좇는 것이라면, 우리는 꿈을 '잘 살아가는 것'이라는 대전제 아래 두어야 한다. 꿈을 실현하는 것도 소중한 의미가 있지만, 삶 자체가 더 중요하고 소중하다. 만약 아직도 꽃향기를 맡고, 맛있는 음식을 맛보고, 음악을 듣고, 가족이나 친구들과 대화하고, 우리가 사는 이 세상 속에서 존재감을 느낄 수 있다면 우리는 이미 풍요롭게 살아가는 것이다.

반면에 만약 꿈을 위해 살아가는 것이라면, 꿈의 좌절은 모든 것이 끝났다는 것을 의미한다. 그러면 우리는 자신을 커다란 두려움 속에 가둬버린다.

꿈이란 것이 과연 우리 삶을 지탱해 주고 더욱 긍정적으로 만들어주는 것인지, 아니면 현재의 삶을 부정하고 꿈이 이루어지지 않는 한 그 어떤 삶도 살 가치가 없다고 느끼게 만드는 것인지, 이 둘 사이에는 미묘한 차이가 있다. 이 차이를 구분하는 기준은 당신이 꿈을 제외한 삶의 다른 영역을 볼 수 있는지 여부에 달렸다. 당신이 만약 꿈에 집착한 나머지 삶의 다른 영역을 보지 못한다면, 그것은 결국 삶 자체를 부정하는 것과 같다.

〈소울〉의 한 장면을 보면 현실의 황무지에서 길을 잃은 영혼들이 등장하는데, 그들은 사람들이 물아일체의 경지에서 얻는 신비로운 체험, 즉 몰입Flow의 상태를 상징한다. 영화에서는 "몰입과 집착은 사실 참 많이 닮았어요. 길을 잃은 사람들과 신비로운 여행을 하는 사람들도 매우 비슷하죠. 다만 길을 잃은 사람들이 집착에 강할 뿐이에요"라고 말한다.

무언가에 집중하고 사랑하면 몰입의 경지에 이르는데, 반드시 이루어야 한다고 생각하면 결국 집착이라는 잘못된 결과를 낳는다. 몰입은 우리가 살아있다는 사실을 잘 느끼게 해주지만, 집착은 목적 외의 것들을 지워버리고 삶을 그 목적을 이루기 위한 도구로 전락시킨다. 비록 그 목적이 꿈이라고 해도 말이다.

영화 속 주인공 조는 온갖 고난을 겪고 나서 마침내 꿈이 이루어지는 순간을 맞이한다. 그날 밤의 공연은 완벽했다. 꿈에 그리던 무대에 처음 선 그의 공연은 관객의 입장에서 보아도 감동하지 않을 수 없었을 것이다.

꿈을 이뤘을 때의 그 느낌은 어떨까? 공연장을 나서며 함께 무대에 섰던 재즈 스타는 주인공에게 어떤 기분이냐고 묻는다. 그는 이렇게 대답했다.

"전 평생 이날을 기다렸어요. 이날은 아주 다르리라 생각했는데, 막상 겪어보니 다른 날과 별로 다르지 않네요."

만약 나였다면, 그토록 멋진 밤을 경험한 후였다면 그 느낌은 아주 달랐을 것 같다. 그렇지 않으면 우리는 꿈의 무게를 너무 과소평가하고, 자신을 잊을 정도로 몰입하여 연주할 때의 멋진 경험을 과소평가한 것이다. 그가 별다른 점이 없다고 말한 것은 아마도 다음 대사를 맞추기 위한 작가의 의도 때문이 아니었을까. 만약 그렇다하더라도 대사가 너무 훌륭해서 작가를 용서할 수 있을 것 같다.

다시 그 장면으로 돌아가서, 그의 대답을 들은 후 재즈 스타는 다음과 같은 이야기를 들려줬다.

옛날에 작은 물고기 한 마리가 있었어요. 그 물고기는 계속 헤엄치며 무언가를 찾고 있었어요. 어느 날, 늙은 물고기 옆을 헤엄쳐 지나가다가 물었어요.

"어떻게 해야 바다를 찾을 수 있을까요?"

"바다?"

늙은 물고기가 대답했어요.

"너는 지금 바다에 있잖니!"

작은 물고기가 말했어요.

"여기는 물이에요. 제가 찾는 것은 바다라고요."

만약 삶이 우리가 살아가는 바다라면 꿈이라는 눈가리개 때문에 그 바다를 놓치지 않길 바란다.

몇 년 전, 나는 윌리엄 서머싯 몸William Somerset Maugham의 『달과 6펜스』를 읽었다. 이 책에도 꿈에 관한 이야기가 담겨있다. 이 책에 등장하는 주인공은 중년에 접어들어 갑자기 아내와 자식을 버리고 익숙했던 삶을 떠나 화가가 되겠다고 결심했다. 그는 부랑자로 떠돌다가 선원이 되었고, 어느 섬에 도착해서 원시 부족의 여인과 함께 살았다. 훗날 그는 나병에 걸렸고 인생의 마지막을 눈앞에 두고 자신의 인생에서 깨달은 모든 것을 벽화로 그렸다. 그 그림을 본 사람은 모두 충격과 놀라움을 금치 못했다. 하지만 그가 세상을 떠나기 전, 원시 부족의 여인에게 자신이 죽고 나면 이 절세의 예술품을 불태워 달라고 부탁했다.

예전에는 왜 그렇게 훌륭한 벽화를 그가 태워버리려 했는지 이해할 수 없었다. 하지만 나중에 생각해 보니, 주인공에게 가장 큰 성취는 그 벽화가 아니라 그의 삶 자체였다는 것을 깨달았다. 멋진 벽화를 그리는 것은 그의 삶 일부에 불과했다. 그의 삶은 오롯이 그의 것이었고, 다른 사람의 평가는 필요하지 않았다.

다른 무엇도 아닌, 우리의 삶이야말로 가장 큰 성취다. 그러니 이 삶을 잘 살아가 보자.

먼 곳을 향한
동경

몇 년 전, 한 중학교 심리학 교사였던 구 선생님은 학교를 그만두면서 짧고 문학적인 사직서를 남겼다.

"저는 넓은 세상을 보고 싶어요."

이 사직서는 온라인에서 큰 화제가 되었다. 많은 사람의 마음속에 잠자고 있던 '아득한 꿈'을 일깨워 언젠가 무료하고 무의미한 삶에 작별을 고하고 새로운 삶을 향해 달려가고 싶은 마음을 품게 했다. '넓은 세상을 보고 싶다'는 말은 바로 진부한 삶에 대한 일종의 선전포고나 다름없었다.

당시 사람들은 이상적인 일과 삶에 대한 동경을 품고 있었기에, 이는 먼 곳에 대한 갈망으로 나타났다. 하지만 이후 불확실성이 너무 커지면서 오히려 확실성이 희소한 가치가 되어버렸다. 곳곳에서 정리 해고가 이어지는 가운데 공무원 시험이나 대학원 입시 응시자 수는 매년 최고치를 경신했다. 2022년에는 교사 자격증 응시자 수가 신생아 수를 초과한 상황이었다. 안정적인 직업은 이러한 혼란 속에서 쉽게 이룰 수 없는 먼 곳이 되어버렸다. 구 선생님은 지금 어떻게 지내고 있을까? 그때를 돌이켜 보며 당시의 결정을 어떻게 생각할지 무척 궁금하다.

삶의 가능성에 대한 끝없는 갈망

사람은 언제나 먼 곳을 동경한다. 그것은 현실의 삶과는 다른 가능성을 의미하기 때문이다.

한동안 방송 프로그램의 심리 상담사로 참가한 적이 있다. 이 프로그램은 참가자가 세상과 단절된 채 경치 좋은 자연에서 1년 동안 생활하며 그들의 일상을 24시간 온라인으로 생중계하는 형식이었다. 프로그램이 사전에 비공개로 진행되고 폐쇄적인 성향이 강한 만큼 참가자가 심리적인 문제를 겪지 않도록 제작진은 방송 시작 전에 참가자의 상담을 진행했다.

누가 현재의 삶을 완전히 포기하고 낯선 곳에 가서 1년 동안 자신의 일상을 사람들에게 보여주고 싶어 할까? 프로그램의 이색적인 콘셉트 덕분에 참가하는 사람들의 동기를 이해하는 일이 무척 흥미로웠다.

아프리카 섬나라에서 자란 미녀 모델부터 퇴사 후 게스트하우스를 운영하는 평범한 직장인, 재산이 수십억에 달하는 회사 대표 그리고 여기저기 떠도는 여행자와 수공예가에 이르기까지 프로그램에 참가한 사람들은 각양각색이었다. 이처럼 다양한 신분과 배경을 가진 사람들이 프로그램에 참가한 이유는 우리가 일반적으로 생각하는 '유명세'와는 전혀 달랐다. 사실 프로그램이 끝날 때까지도 대중의 인기를 끌지 못했고, 영향력도 전혀 생기지 않았다. 그런데도 그들이 이 프로그램에 참가한 이유는 순전히 '다른 곳의 삶'과 먼 곳이라는 데 매료되었기 때문이다.

먼 곳이라는 말은 매혹적이고 신비로운 단어다. 이탈로 칼비노 Italo Calvino는 먼 곳에 대한 그리움과 공허감, 기대는 영원히 지속할 수 있으며, 인생보다 더 오래갈 수 있다고 말했다. 이러한 그리움의 본질은 삶의 가능성에 대한 동경이다. 삶의 소소한 일들에 갇혀 지루하고 지치고 심심함을 느낄 때 먼 곳은 과거의 실패와 좌절, 후회 그리고 미래에 대한 희망을 모두 수용할 가능성을 환상 속에서 만들어낸다.

하지만 먼 곳에 도착한 후에는 어떨까? 만약 우리가 변하지 않는다면 타향은 결국 고향이 되고, 피로와 권태는 다시 마음속에 스며들 것이다. 우리는 적응하거나 다시 떠날 준비를 해야 한다. 그리고 이 과정은 반복된다.

이 프로그램에 왜 참가하고 싶은지 물었을 때, 한 참가자가 이렇게 대답했다.

"지난 몇 년간 일 때문에 무척 바빴고, 돈도 꽤 벌었죠. 그런데 삶이 너무 팍팍하고 힘들었어요. 어디를 가도 모두 서로를 속여요. 그냥 산속에서 좀 쉬면서 혼자만의 시간을 보내고 싶어요."

그의 말은 환경을 바꾸면 마음이 정화되고, 자신을 숨김으로써 새롭게 시작할 수 있을 거라는 의미였다. 하지만 새로운 환경에 처음 왔을 때는 궁금한 것도 많고 신기하고 즐거웠지만, 시간이 지나면서 다시금 피로가 몰려왔다. 그는 산속 생활만 힘든 것이 아니라 소문과 따돌림, 속임수와 음모로 상황이 복잡해졌음을 느끼기 시작했다. 다른 점이 있다면 바깥세상에서는 이런 갈등의 목표가 어쨌든 세상의 명성과 이익으로 연결되지만, 산속에서 벌어지는 모든 음모와 계략, 그들이 추구하는 이익은 완전히 비대칭을 이룬다는 것이다.

거대한 심리적 갈등과 미미한 이익은 묘한 대조를 이룬다. 어떤 사람들은 음모론자가 되고, 또 어떤 사람들은 가벼운 피해망상에 빠지기도 한다. 모든 갈등이 무의미해 보이지만, 그 안에는 우리가 겪었던 관계와 사람에 대한 의심이 파리처럼 따라다니며 투사된다. 평온한 생활을 기대한 출연자들은 산속 생활이 바깥 생활보다 더 힘들 거라고는 예상하지 못했을 것이다. 그래서인지 출연자 중 한 명은 이렇게 말하며 체념한 듯 한숨을 내쉬었다. "사람이 있는 곳이 바로 세상이지요!"

끊임없이 먼 곳을 찾아 떠돌다

먼 곳은 정말 환상일까? 하지만 부처는 혼란스러울 때 궁궐을 떠나 먼 곳으로 가서 비로소 답을 찾았다. 깨달음을 얻은 뒤에도 그는 한동안 머물고 떠나는 일을 반복하지 않았는가.

출연자 중 리장에서 가죽 공예를 하며 게스트하우스를 운영하고, 해바라기를 심는 청년이 있었다. 그는 해바라기가 피면 한 손에는 해바라기를, 다른 한 손에는 자전거 핸들을 잡고, 뒷자리에 사랑하는 여인을 태운 채 비틀거리며 들판을 달리곤 했다. 이 청년은 젊었을 때 베이징의 한 대형 호텔에서 웨이터로 일하면서 인생의 탈출구를 찾기 위해 고된 삶을 살았다. 어느 날 인터넷에서 한 남자(이 남자도 프로그램에 참가했다)가 무인도를 탐험하는 다큐멘터리를 보고 문득 깨달았다. '저게 진짜 삶이지! 나도 저렇게 살고 싶다!'

그는 용기를 내어 사직서를 제출하고 몇 달 치 월급을 들고 먼 곳으로 떠났다. 첫 번째 도착지는 선양瀋陽이었다. 며칠을 떠도는 사이 주머니에 있던 돈은 다 떨어졌고, 생활비를 마련할 방법은 찾지 못했다. 결국 그는 베이징으로 다시 돌아와 웨이터 일을 계속할 수밖에 없었다. 돈이 좀 모이자 그는 다시 사직서를 제출했고, 이번에는 다리大理에 도착했다. 돈이 거의 다 떨어져 갈 때, 그는 어떤 사람이 관광지에 작은 가게를 열고 가죽 제품을 만들어 파는 모습을 보았다. 그는 매일 그 가게 앞에 가서 '잠복'하며 그들이 사업을 어떻게 운영하는지 자세히 관찰했다. 한 달 뒤, 그도 길거리에서 가죽 제품을 팔며 생계를 이어가기 시작했다.

먼 곳의 삶도 그렇게 아름답지만은 않았다. 가죽 제품을 팔고 게스트하우스를 운영하며 해바라기를 심는 이러한 서정적인 일들도 결국 사업으로 바뀌고 말았다. 그러나 베이징에서 웨이터로 일했을 때와는 조금 달라졌다. 한동안 그는 다리에 있는 것이 지겨워서 가게 문을 닫고 짐을 싸서 티베트로 떠났다. 그곳에서 다시 가게를 열고 다양한 돌과 밀랍을 팔았다. 그에게는 삶이 너무 지루하고 단조로울 때 다른 곳으로 옮겨가서 다시 시작할 수 있는 용기와 자신감이 생겼다. 이러한 용기와 자신감은 그가 먼 곳에서 어려움에 적응하면서 체득한 것이다.

그렇다면 먼 곳의 정확한 의미는 무엇일까? 우리는 마음속에 품은 의문의 답을 찾고자 먼 곳으로 떠나려고 한다. 그러나 답은 먼 곳에 있는 것이 아니라 그것을 찾아가는 과정에 있다. 상상 속의 먼 곳은 분명 우리가 출발할 수 있는 최초의 동기를 제공하고 현실 속의 먼 곳은 우리가 새로운 환경에 적응하는 능력을 키워준다. 그래서 우리는 계속해서 눈앞의 현실에서 먼 곳의 들판을 바라보며 찬양하게 된다. 우리가 찬양하는 것은 평범함에 대한 불만과 삶에 대한 동경 그리고 변화를 향한 용기이다. 비록 먼 곳이 때로는 환상일 뿐이라는 것을 이미 알았더라도 말이다.

멀리 가지 않아도 깊어지는 법

몇 년 전, 더 넓은 세상을 보고 싶어서 공무원을 그만둔 여성을 만난 적이 있다. 운이 좋게도 그녀는 인터넷만 있으면 할 수 있는 일을 구했고 덕분에 여기저기 여행을 다닐 수 있었다. 인도, 터키, 스리랑카… 그녀는 앞날이나 가정을 꾸려야 할지 말지에 대해 고민해 본 적이 없었다. 여행 중에 매력적인 사람을 만나면 거절하지도, 미련을 갖지도 않았다. 그야말로 그녀는 운명에 맡긴 채 자유를 만끽했다.

그녀는 '깨달음'의 경지에 이르는 경험을 한 적이 있는데, 어느 날 밤 스리랑카에서 혼자 불교 서적을 읽다가 시간과 삶에 대해 많은 것을 이해하게 되었다고 했다. 그녀의 말에 따르면 '더 넓은 세상'은 공간적 관점이 아니라 시간적 관점의 표현이다. 시간은 우리가 가진 가장 소중한 자산이며, 기본적인 의식주를 제외한 그 어떤 것과 바꾸어도 손해 보는 거래라는 것이다. 시간의 길이를 측정하는 것은 물리적인 초 단위가 아니라 우리 내면이 경험하는 풍부함이다. 특별한 경험을 가진 친구들을 보면 나는 종종 호기심과 의구심을 동시에 품곤 한다. 그들이 먼 곳으로 떠난 까닭은 어느 때는 동경이었고, 또 어느 때는 도피였다. 또한 이런 자유로운 삶이 언제나 운에만 의존할 수 없으며, 남들이 보지 못하는 고난과 외로움도 분명 존재한다는 것을 알고 있다. 그러나 그녀가 깨달은 이치에 대해서는 동의한다.

수천 리 길을 여행하는 것은 결국 내면의 깊은 곳으로 돌아오기 위함이다. 하지만 내면 깊은 곳으로 돌아오는 길이 반드시 수천 리 길이 아닐 수도 있다. 만약 천 리를 가는 것이 새로운 경험을 창조하기 위함이라면 멀리 있는 풍경을 보는 것 역시 새로운 경험이고, 가까운 곳의 꽃 한 송이를 보는 일도 새로운 경험이다. 많은 책을 읽는 일이 새로운 경험이라면 한 권의 책을 집중해서 읽는 것 또한 새로운 경험이다. 많이 배우는 일이 새로운 경험이라면 한 가지 기술을 깊이 연구하는 것 또한 새로운 경험이다. 많은 사람을 만나는 것이 새로운 경험이라면 한 사람과 깊이 교류하는 것 역시 새로운 경험이다. 여기에는 이해하고 이해받으며, 영향을 주고받으며, 사랑과 슬픔, 상처와 용서, 잃어버린 아픔과 재회의 기쁨이 포함된다.

이 새로운 경험들이 우리 영혼의 풍부함을 만들어낸다. 이를 위해 멀리 갈 필요는 없지만, 그 안으로 깊이 들어갈 필요는 있다.

평범함 속에서
발견하는 깊이

박사 과정 마지막 해, 논문을 쓰면서도 앞날과 미래에 대한 불안을 쉽게 떨쳐낼 수 없었다. 당시 '미래'가 내 안에서 거대하고 막연한 존재로 자리 잡아서인지 내가 하는 일이 너무나도 하찮고 지루하게 느껴졌다. 나는 깊은 불안감에 휩싸였다.

그때 교수님께서 불교대학에서 승려들에게 심리학 수업을 해줄 생각이 있는지 물어보셨다. 나는 망설임 없이 승낙했다. 불교대학은 세상과는 동떨어진 곳일 거라는 생각에 마침내 이런저런 자잘하고 하찮은 일들에서 벗어날 기회를 얻은 것 같았다.

아니나 다를까 수업 첫날부터 여러 독특한 수련을 하는 사람들을 만났다. 내가 의지력의 과학에 관해 설명하자, 한 학승은 자신이 5일째 단식 중이라고 했다. 단식이라니! 갑자기 호기심이 발동했다. 그래서 그에게 단식 과정을 자세히 물어보았다. 그는 단식에는 완전 단식과 일반 단식이 있다고 했고, 자신은 물과 소량의 과일만 먹는 일반 단식을 하고 있다고 했다. 그에게 기분이 어떠냐고 물었더니, 처음에는 조금 기운이 없었는데 지금은 몸 상태도 괜찮고 에너지도 넘친다고 했다. 나는 감탄하며 물었다.

"그럼 단식의 목적이 무엇인가요?"

그는 매우 진지한 얼굴로 대답했다.

"다이어트요."

지금 생각해 보면 그가 눈을 가늘게 뜨고 '다이어트'라고 말하는 모습은 여름에 예쁜 치마를 입기 위해 굶는 도시의 여성들과는 다소 달랐지만, 어쩌면 그 여성들 역시 굶을 때 나름의 선의禪意를 가질지도 모르는 일이다.

수업이 끝난 뒤, 나는 그곳에서 식사를 하게 되었다. 원래 밥을 먹는 일이 평범하고 사소한 일이라고 생각했는데, 매우 복잡하고 장엄한 절차를 목격하게 되었다. 식사 전에 모두가 각자 식기를 가지런히 정리하고, 종소리가 울리면 모두가 말없이 엄숙해졌다. 다 함께 공양에 대한 감사한 마음을 담아 공양게供養偈를 읊고, 이를 마치면 바른 자세로 앉아 침묵 속에서 식사를 시작했다. 식사 중에는 승려가 밥과 반찬을 담은 통을 들고 테이블 앞을 두 번 지나갔다. 더 먹고 싶으면 승려가 지나갈 때 그릇을 앞으로 밀어야 했고, 조금만 필요한 경우에는 손가락으로 반쯤 꼬집는 듯한 동작을 하면 됐다. 식사가 끝나면 모두가 식기를 정돈하고 함께 발우공양을 마치는 게송,

결재게結齋偈를 읊고 질서 정연하게 퇴장했다.

    불교대학에서의 첫 식사 경험은 사실 별로 영광스럽지 않았다. 사람들이 의식을 거행할 때 사진을 찍어 트위터에 올리려다가 하마터면 집사 스님에게 쫓겨날 뻔했기 때문이다. 차츰 규칙에 익숙해지자 불교대학의 집중적이고 조용한 식사 방식이 마음에 들기 시작했고, 음식도 더 맛있어 보였다.

    나는 나를 둘러싼 사소한 일에서 벗어나지 못했다. 하지만 불교대학에서 더 중요한 것을 배웠다. 어떤 일이 사소한 일인지 아닌지는 그 일의 본질이 아니라, 그것을 대하는 태도에 달려있다는 것이다. 만약 우리가 그것을 가벼이 여기지 않고 진지한 태도로 임한다면 그 일은 중요한 일이 된다.

도는 어디에나 있다

    『야생의 실천』의 저자이자 오랫동안 야생의 삶을 실천하며 시를 써온 게리 스나이더는 다음과 같이 썼다.

> 우리는 모두 종교 단체가 근본적인 대상으로 삼았던 스승의 제자가 되었다. 그 스승은 바로 현실이다. 차가운 바람이 몰아치는 아침에 아이를 학교 버스에 태우러 가는 일은 법당의 등잔불 앞에서 좌선하는 것만큼이나 어렵다. 둘 다 좋고 나쁨의 차이가 없을 만큼 똑같

이 단조롭고 지루한, 반복의 미덕을 보여준다.

사소한 일이 무조건 귀찮은 것만은 아니다. 우리가 거기서 벗어나기만 하면 수행이라도 시작해서 도를 닦을 수 있다고 생각하지 말라. 사실 이런 일들이 우리의 도다.

이런 사소한 일들이 바로 우리의 도라는 점을 이해하면서도 나는 왜 항상 그 안에 매몰되어 수행으로 이어지지 못하는 걸까? 혹시 나의 수행 방식이 잘못된 것은 아닐까?

나중에서야 그들이 이렇게 말할 수 있었던 것은 마음이 자유롭기 때문이 아니었을까 하는 생각이 들었다. 그래서 어디에 있든, 무엇을 하든 사실 상관이 없었던 것이다. 이 글을 쓴 게리 스나이더가 젊은 시절 신과 도의 존재를 찾기 위해 수년 동안 여기저기 떠돌며 철학자 헨리 데이비드 소로Henry David Thoreau와 같은 삶을 살았던 것처럼 말이다. 그는 중년이 되어 속세로 돌아오고 나서야 비로소 '도는 어디에나 있다'라는 깨달음을 얻는다. 윌리엄 서머싯 몸의 소설 『면도날』에서 주인공 래리는 1차 세계대전에 참전해 친한 동료가 눈앞에서 숨을 거두는 장면을 목격한 뒤, 상류 사회의 안정된 삶과 사랑하는 약혼녀를 버리고 인간 존재에 대한 답을 찾기 위해 혼자서 떠돌며 긴 여행을 시작한다. 그러다 인도에서 깨달음을 얻고 뉴욕에서 택시 운전사가 된다. 그는 단조롭고 지루한 일상에 실망하지 않고, 오히려 마음이 자유로워져서 어떤 모양의 삶도 열정적으로 받아들이게 된다.

이처럼 자유로운 사람은 어디로 가거나 무언가를 하려고 서두르지 않는다. 그들과 사소한 일과의 관계는 매우 평등하고 단순하다. 그들은 사소한 일을 억지로 하거나 골라서 하지 않는다. 사소한 일은 그들을 괴롭히는 상사가 아니듯, 그들도 사소한 일의 상사가 아니다. 그들은 그저 이 일과 '우연히' 마주쳤고, 그저 그 일을 '할 뿐'이다. 그리고 그 일들을 결코 가벼이 여기지 않고, 존중하며 진지한 태도로 임한다.

그들은 어디에도 가고 싶지 않아서 오히려 자유로웠다. 하지만 떠나려는 사람은 어딜 가든 감옥이 따로 없었다. 일상의 사소한 일들을 만날 때마다 점점 억압과 저항, 통제와 탈출, 의미와 무의미의 갈등에 휘말렸다.

사소한 일상을 대하는 자세

한 온라인 커뮤니티에 "종일 사무실에서 자질구레한 일만 하는데, 왜 피곤한 걸까요?"라는 하소연이 올라왔고, 여기에 간결하고 명료한 답변이 달렸는데, 사람들의 엄청난 호응을 얻었다.

"사소한 일은 의미가 없으니까요!"

그렇다면 의미란 무엇일까?

우리는 항상 '좋다' '나쁘다' 또는 '중요하다' '중요하지 않다'로 모든 일을 평가하는 데 익숙하다. 이 일이 우리의 승진과 연봉 인상에 도움이 될까? 우리가 빠르게 성장하는 데 도움이 될까? 만약 그렇지 않다면 이 일을 하는 게 대체 무슨 의미가 있을까?

평가가 항상 '의미'를 갖는 것은 아니다. 때로는 일에 몰두할 때 비로소 경험하기도 한다. 그러나 평가는 자주 '무의미'를 끌어낸다. 무의미는 우리가 더 많은 곳에 가고 싶고, 더 넓은 세계를 경험하고, 더 많은 가능성을 얻고 싶게 만들지만 사소한 일로는 거기에 도달할 수 없을 뿐만 아니라 오히려 방해받는다고 생각한다.

우리가 하루를 되돌아볼 때, 아무것도 이루어내지 못했다는 사실을 깨달으면 피로와 실망이 자연스레 따라오기 마련이다.

의미에 대한 상상이 삶을 둘로 가른다. 고통과 즐거움, 평범함과 신성함 그리고 견뎌냄과 즐김으로 나눈다. 또 한 부분은 돈을 내는 것이고, 다른 부분은 물건을 받는 것이다. 돈을 내는 데는 항상 고통이 따르지만, 물건을 받는 것은 언제나 행복하다. 그래서 우리는 전자보다 후자의 삶을 살고자 애를 쓰지만, 불행하게도 사소한 일 대부분이 전자로 분류된다.

만약 사소한 일이라고 경시하는 대상이 사람이라면, 아마도 이런 불평을 늘어놓을지도 모른다.

"왜 나를 다른 목적을 이루기 위한 도구로 생각하는 거지? 그렇게 무시한다면 나도 가만히 있지 않겠어. 어떻게든 복수하고 말 거야."

그래서 우리가 필사적으로 도망치려 할수록 사소한 일은 더욱 집요하게 따라붙는다. 사소한 일은 어느새 앙숙이 되어버린다. 만약 사소한 일이 사람이라면, 그를 평등하게 대하기 위한 자비와 사랑이 필요하다.

보다시피 사소한 일에 대한 존중은 민주적인 태도이다. 모든 존재가 평등하다는 것을 의미하며, 이는 '모든 일이 평등하다'라는 것을 말해준다. 사소한 일이라고 해서 가벼이 여기지 않고, 존중하는 것 또한 삶의 일부다. 그리고 우리가 삶을 대할 때 마음을 가라앉히고 경험하는 것 외에 무엇을 더 할 수 있겠는가?

마음 챙김의 선구자 존 카밧진Jon Kabat-Zinn도 한때는 멀리 떠나 출가할 생각을 한 적이 있었다. 그때 그는 참선에 심취했고, 일상이 수행에 너무 많은 방해가 된다고 느꼈다. 그러던 중 아이가 태어났다. 그는 매일 기저귀를 갈고 아이를 달래고 장난감을 치우는 등 평범한 아버지가 해야 할 일들을 해나갔다. 어느 날 그는 수행도 지루하고 고된 일이니, 일상의 이런 사소한 일들을 수행으로 여기기로 했다. 그 뒤로 그는 이런 일들을 매우 진지하고 중요한 일처럼 대하기 시작했다. 그의 생활은 변하지 않았는데도 온 정성을 기울이다 보니 마음이 안정되고 아이와의 관계도 점점 가까워졌다.

세계 4대 생불生佛로 꼽힌 불교 지도자 틱낫한Thich Nhat Hanh 스님은 많은 사람이 '공식적인 일'을 하는 시간만 '내 시간'이라고 생각하고, 사소한 일을 하는 시간을 '내 시간을 빼앗는 시간'으로 여긴다고 꼬집었다. 더 이상 나의 시간이 아닌 것처럼 여긴다는 말이다. 그러나 사실 아이와 함께하는 시간도 수행하는 시간과 마찬가지로 모두 내 시간이며, 우리는 그 시간을 진지하고 정성스럽게 보내야 할 책임이 있다.

불교대학으로 수업하러 간 어느 날, 학교 문이 잠겨있어 들어갈 수 없었다. 날씨도 무척이나 추웠고, 엎친 데 덮친 격으로 비까지 쏟아졌다. 문 앞에서 10분 넘게 기다리고 있는데, 그제야 문을 열어줄 학생이 허겁지겁 달려왔다. 막 불평을 쏟아내려고 했는데, 그 학생이 말했다.

"교수님, 풍경이 정말 아름답죠!"

고개를 들어보니, 비가 내린 뒤 저 멀리 안개 낀 산이 보였고, 산 곳곳에 나무들이 푸르른 싹을 틔우고 있었다. 가까이에는 매화나무 가지에 붉은 꽃이 피어있었다. 그 멋진 풍경을 감상하고 나니 내 마음에도 평온이 찾아왔다. 내가 방금까지 문이 열리기만을 기다리느라 안달하지 않았다면, 오히려 아름다운 풍경을 감상할 수 있는 10분의 여유가 더 생겼을지도 모른다는 생각이 들었다.

그 순간 나는 무엇인가 깨달은 듯한 느낌이 들었다.

나는 무엇을 깨달았을까? 아마도 기다림의 시간 또한 내 시간이었다는 것, 그 시간을 잘 활용하고 즐길 수 있다는 사실이었을 것이다. 또 덤으로 좋은 성품을 가지려면 좋은 경치가 꼭 필요하다는 사실도!

성공은
부수적인 결과일 뿐이다

내 즐겨찾기에는 알리바바의 전설적인 프로그래머 둬룽多隆의 이야기가 저장되어 있다.

그는 알리바바에서 부사장급에 오른 인물로, 알리바바 파트너 가운데 유일한 개발자다. 그는 직위와 부를 모두 거머쥔, 이미 더 넓은 세상을 경험한 사람이다.

하지만 둬룽은 자신의 위치와는 어울리지 않는 독특한 행동 방식을 가졌다. 그는 팀을 이끄는 일에는 흥미가 없었고, 무척이나 귀찮아했다. 대신 대부분 시간을 주로 코딩 작업에 전념했다. 동료들은 그를 다음과 같이 묘사한다.

인트라넷에서 둬룽은 '신'이라고 불린다. 그는 혼자서 한 팀의 역할을 대신할 정도로 놀라운 성과를 낸다. 예를 들어 파일 시스템을 하나 개발할 때, 보통 다른 사람들은 프로젝트 팀이나 심지어 회사 전체가 투입되어야 할 작업인데, 그는 처음부터 끝까지 혼자서, 매우 짧은 시간 안에 완성한다. 2003년부터 2007년까지 혼자서 타오바오의 검색 엔진을 개발하고 유지·보수했다. 이것이 그가 한 일의 전부가 아니다.

뒤룽은 사교적인 성격도 아니고, 잘 나서는 편이 아니라 SNS도 즐기지 않는다. 공개적인 자리에 모습을 드러내는 일도 극히 드물다. 참가하지 않아도 되는 회의나 인터뷰 역시 절대 가지 않는다. 가더라도 항상 노트북을 들고 간다. 소문에 따르면 그는 여행을 갈 때도 노트북을 가져가 차에서 코딩 작업을 했다고 한다. 모든 사람이 그를 신으로 여기지만 그는 진심으로 자신을 평범한 사람이라고 생각한다. 그가 가장 많이 하는 일은 묵묵히 책상 앞에 앉아 검은 스크린에 코드를 써 내려가며 문제를 해결하는 것이다.

어디선가 '익숙함은 경시를 낳는다. 일단 익숙해지면 전설도 평범해진다'라는 말을 본 적이 있다. 그러나 뒤룽과는 정반대되는 이야기다. 그를 깊이 알수록 그의 집중력과 전문성에 더욱 감탄하게 된다. 그는 취미가 코딩이라고 말한 적이 있는데, 실제로 14년 동안 매일 출근해서 밥 먹고 화장실 가는 시간을 빼고는 계속 코딩만 했다.

산책 중에 누군가 그에게 어떻게 지금의 '신'이 되었냐고 묻자, 그는 "그냥 문제를 해결하면 된다"라고 답했다. 14년간의 집중력과 타오바오의 급성장 덕분에 그는 그렇게 '단순하게' 문제를 하나씩 해결하면서 신이 되었다.

뒤룽의 이야기는 로버트 메이너드 피어시그Robert M. Pirsig의 장편 소설『선禪과 모터사이클 관리술』에 등장하는 한 구절을 떠올리게 한다.

신성한 부처님은 산 위에서든 연꽃잎 위에서든 아주 편안하게 컴퓨터 회로 안에 그리고 모터사이클 변속기 안에 정좌하고 있다. 그렇지 않다고 생각하는 것은 부처의 품위를 훼손하고, 나아가서는 자신의 품위까지 떨어뜨리는 일이다.

컴퓨터 앞에서 수행하는 것이 이런 것이구나!

다른 사람의 삶을 읽을 때, 경외심과 함께 그들을 앞으로 나아가게 하는 원동력이 무엇인지 궁금해진다. 분명한 점은 뒤룽에게는 거창하다고 부를만한 목표가 없었다는 사실이다. 그는 '흙수저' 프로그래머로 시작해 작은 문제를 하나씩 해결하면서 성장해 나갔다. 만약 그가 원대한 목표에 사로잡혔다면, 그렇게까지 집중할 수 있었을까? 마음속에 집착이 자리 잡으면 걱정이 생기고, 걱정하다 보면 집중하기가 어려워진다.

우리는 어릴 때부터 원대한 목표를 가져야 한다고 배워왔고, 이것은 보편적인 신념이 되었다. 현실에 대한 불만이 커지고, 평범한 삶에 대한 두려움이 커질수록 우리는 원대한 목표를 더욱 단단히 붙잡는다. 하지만 원대한 목표를 향한 현실적인 경로가 없으면 인생은 추상적이고 무의미해지기 쉽다.

인생의 목표가 너무 높으면 삶이 지루해진다

언젠가 '미루는 습관'에 관해 강연하러 갔을 때의 일이다. 한 학생이 물었다.

"저는 저희 교수님처럼 훌륭한 과학자가 되고 싶습니다. 하지만 과학자가 되려면 먼저 미국 대학원 수학 자격시험, GRE Graduate Record Examination에 합격해야 하고, 해외에서 박사 과정도 거쳐야 합니다. 또 박사 과정 중에 많은 논문을 읽고 어려운 논문도 발표해야 합니다. 박사 학위를 마치고 돌아오면 실험실도 꾸려야 해요. 이 과정 중 어느 하나라도 조금만 삐끗하면 제 목표는 물거품이 되어버릴 거예요. 이런 생각을 할 때마다 저는 불안해지고, 눈앞의 일이 의미가 없다고 느껴져서 아무것도 하고 싶지 않아요."

인생의 목표가 너무 높으면 삶은 한 치의 실수도 용납할 수 없는, 정교하게 설계된 기계처럼 느껴진다. 지루할 뿐인 이런 삶에서는 놀라움이나 기쁨을 기대하기 어렵다. 마치 오랜 시간을 미래의 가능한 결과와 거래하는 것과 같다. 우리는 이 과정을 원하지 않고, 오직 멀리 있는 결과만을 원한다. 그러니 이 과정이 하루빨리 마무리되고, 즉각적인 결과가 나오기를 기대한다. 그러나 이 과정이 없다면, 우리의 삶은 어디에 있을까?

예전에 우리 반 학생들에게 뒤롱의 삶에 대해 어떻게 생각하는지 물어본 적이 있다. 대부분 학생은 존경을 표했지만 그렇게 살고 싶어 하지는 않았다. 한 학생이 작은 목소리로 속삭였다.

"그렇게 성공할 수만 있다면 생각해 보겠지만, 그런 성공을 누가 보장해 줄 수 있겠어요?"

인생을 하나의 투자로 본다면, 수익을 기대하기에 앞서 위험을 평가하는 것이 합리적이다. 하지만 때때로 인생의 투자와 수익은 우리의 계산을 벗어나기도 한다. 뒤룽이 묵묵히 코딩할 때, 아무도 그에게 미래의 성공을 보장해 주지 않았다. 우리는 늘 주위를 둘러보며, 우리가 온전히 몰입하고 헌신하기 전에 누군가 우리의 성공을 보장해 주길 바란다.

옛말에 '사람이 할 수 있는 최선을 다하고 그다음은 하늘에 맡겨라'라는 말이 있다. 즉 우리가 할 수 있는 일을 하고 나머지는 운명에 맡기라는 뜻이다. 여기에는 '공정한 거래'에 관한 믿음이 아니라 운명에 전적으로 맡기는 신뢰가 담겨있다. '내가 열심히 하면 하늘이 보답할 것이다'가 아니라 '하늘이 보답해 주지 않아도 열심히 할 것'이라는 태도가 중요하다. 왜냐하면 그 과정 자체가 이미 우리에게 보답이 되기 때문이다.

뒤룽의 사례가 너무 성공적이어서 현실성이 없다고 느낄 수도 있다. 실제로 현실에서는 그만큼 성공적이지 않은 사례도 많다.

장래가 촉망되던 소년에게 닥친 불운

한동안 〈고향에 돌아간 지 사흘 만에 둘째 외삼촌이 나의 정신적 소모를 치유했다回村三天, 二舅治好了我的精神內耗〉라는 영상이 온라인에서 큰 화제가 됐다. 영상 속에 제작자의 둘째 외삼촌은 농촌에서 태어났지만, 어릴 때부터 천재로 불리며 대학에 합격할 만한 실력을 갖춘, 장래가 보장된 인물이었다. 하지만 시험을 보기 전, 불행한 일이 닥쳤다. 이웃 마을 '맨발의 의사'*에게 네 차례 주사를 맞은 뒤, 그는 평생 장애를 안고 살아가게 되었다.

'장래가 촉망되던 소년'에서 평생 장애가 있는 '불구자'로 전락한 이 현실은 누구에게나 받아들이기 어려운 상황이었다. 더군다나 당시 외삼촌은 아직 어린아이에 불과했다.

현실의 가장 잔인한 점은 우리가 받아들이든 받아들이지 않든, 여전히 그 자리에 있다는 것이다. 현실을 받아들이면 장애인이 되고, 이 깨진 자아를 받아들이고 새로운 삶을 시작해야 한다. 받아들이지 않으면 그 자리에 갇혀 앞으로 나아갈 수 없다.

삶의 가장 창조적인 부분도 바로 여기에 있다. 외삼촌은 3년에 걸쳐 이 현실을 천천히 받아들였다. 첫해에는 학교에 가지 않겠다고 고집을 부렸고, 선생님이 아무리 설득해도 침대에서 나오지 않았다.

---

* 의료 시설이 취약한 지역에서 농업에 종사하며 최소한의 의료 행위를 담당하던 국가 소속 초급 의료 기술자.

1년 내내 침대에 누워있던 그 시간은, 고통에 잠겨 현실을 받아들이지 못하던 나날이었다. 다음 해에는 자신을 치료할 방법을 찾으려고 『맨발의 의사 매뉴얼赤脚医生手册』을 읽기 시작했다. 이 시기는 자신만의 방식으로 현실과 타협한 1년이었다. 마지막 해에 그는 목수가 일하는 모습을 보고 목공 일을 배우기로 결심했고, 가족에게 목공 도구를 사달라고 부탁해 본격적으로 목공을 시작했다. 이 시기는 그가 새로운 삶을 시도한 1년이었다.

침대에 누워 고통에 잠겨있던 시간을 지나, 조금씩 고통에서 눈을 돌려 자신이 할 일을 발견하기까지의 과정에서 외삼촌은 한 가지 사실을 깨달았다. 바로 자신의 몸은 치료할 수 없지만, 마음은 치료할 수 있다는 것이었다. 우리가 외삼촌에게 감탄하고 탄복하는 것은 그가 겪은 고통을 부정하는 것이 아니라, 그가 보여준 삶의 강인함을 찬양하는 것이다. 그는 살아남아야 했기에 고통을 이겨내고 마음을 열어 확장해야 했다. 그것은 '장래가 촉망되던 소년'과 영원히 작별하는 것을 의미했다.

외삼촌은 목공 기술을 배워 생계를 꾸릴 방법을 찾았다. 나는 개인적으로 기술이야말로 사람이 몸과 마음을 편히 의지할 수 있는 가장 든든한 기반이라고 생각한다. 기술은 가장 공평하다. 우리가 누구인지, 어떤 일을 겪었는지 상관하지 않는다. 오직 얼마나 노력했는지, 얼마나 많은 통찰력을 가졌는지에 따라 그만큼의 보상이 따른다. 기술은 혼란스러운 세상 속에서 실제로 우리가 몰입할 대상이자 고통의 순간에 피난처가 되어준다. 그리고 기술을 통해 우리는 새로운 자아를 찾을 수도 있다.

사실 목수가 되는 일은 대단한 성취로 여겨지지 않으며, 많은 돈을 벌 수 있는 직업도 아니다. 그의 마지막 작품을 아는 사람도 많지 않을 것이다. 그러나 외삼촌은 목수가 됨으로써 자신의 정신적 소모를 치유했다.

내가 이해한 정신적 소모는 이상과 현실 사이에 커다란 괴리가 생겼을 때, 우리는 현실을 받아들일 수도 없고 이상을 추구할 수도 없는 상태에 빠진다. 그저 중간에 끼어 진퇴양난의 상황에서 고통스럽게 몸부림칠 뿐이다.

'모든 사람은 고통을 겪는다'라는 말처럼, 누구나 세상을 살다 보면 고통을 마주하게 된다. 불교를 기반으로 하는 심리 치료 학파인 수용 전념 치료, ACT에서는 고통을 '아픔pain'과 '괴로움suffer'이라는 두 가지 개념으로 구분한다. 아픔은 세상의 무상함으로 인한 순수한 고통으로, 예고 없이 다가와 피할 수 없는 경우가 많다. 반면, 괴로움은 아픔에 자기 생각과 감정이 더해진 것으로, 그 속에 갇혀 움직이지 못해 발생하는 '정신적 소모'를 의미한다.

외삼촌은 3년 동안 이러한 정신적 소모를 견디며 자신의 상처를 치료했다. 그 기간 많은 괴로움을 겪었지만, 아픔은 상대적으로 적었다. 이후 몇 년간 더 많은 인생의 아픔을 겪었지만, 괴로움은 점차 줄어들었다.

삶의 의미는 직접 살아가면서 발견해야 한다. 외삼촌은 자신이 거부했던 삶으로 다시 들어갔다. 멀리서 보면 그 삶은 고통 외에 아무것도 없는 것처럼 보였지만, 막상 그 안에 들어가 보니 여전히 무언가를 창조할 수 있음을 깨달았다. 그는 목공 기술을 발휘해 마을 사람들의 고장난 물건을 고치고, 수양딸과 어머니와 함께 살아가는 단순한 일상 속에서 살아있다는 사실을 만끽했다. 이는 어떤 삶에서든 매우 소중한 경험이다.

외삼촌은 자신에게 제한된 일과 관계 속에서도 삶의 의미를 찾아냈다.

성공은 추구해서 얻어지는 것이 아니다

뒤룽과 외삼촌은 세상의 기준으로 보면 한 사람은 성공한 인물이고, 다른 한 사람은 실패한 인물일지도 모른다. 그러나 두 사람은 각기 다른 방식으로 삶에 뛰어들어 깊이 몰입함으로써, 세상과 가장 깊은 연결 고리를 발견했다는 데 공통점이 있다.

시카고대학교의 심리학자 미하이 칙센트미하이Mihaly Csikszentmihalyi는 '몰입'이라는 개념을 제시했다. 그는 몰입이란 사람들이 온 마음을 다해 몰두할 때 발생하는 특별한 몰아의 심리 상태라고 설명했다. 이 몰입 상태에서는 집중력이 최고조로 높아져 마음속 잡념이 사라지고, 모든 일이 자연스럽게 풀리며 자신과 눈앞의 일이 밀접하게 연결되고 혼연일체가 되어 시간마저 잊게 된다고 말한다.

미하이는 이러한 상태를 인간이 경험할 수 있는 최상의 경험이자 진정한 행복의 원천이라고 보았다. 역설적이게도 몰입은 자아를 잊어버리고, 목표에 관한 집착을 내려놓을 때 비로소 가능해진다. 자아를 잊어버렸기 때문에 우리는 오히려 더 깊고 복잡한 자신으로 거듭날 수 있다.

빅터 프랭클Viktor Frankl의 『죽음의 수용소에서』에서도 비슷한 이야기가 나온다.

> 성공을 목표로 삼지 마라. 성공을 목표로 삼고, 표적으로 여기면 삼을수록 오히려 점점 더 놓치게 될 것이다. 성공은 행복과 마찬가지로 추구해서 얻어지는 게 아니다. 그것은 결과로서 얻어지는 것이다. 나 자신을 위해서가 아니라, 더 훌륭한 어떤 일에 전념하다가 뜻밖에 얻어지는 부수적인 결과이거나 또 다른 누군가를 위해 자신을 완전히 내어줌으로써 얻게 되는 부산물일 뿐이다.

이토록 사소한 현실이 주는
행복 찾기

✳

✳
✳
✳
✳
✳

지금 여기저기서 구조 조정이 일어나며 '네이쥐안內卷*'과 '탕핑躺平**'
이 시대정신을 가장 잘 반영하는 말이 되었다. 팬데믹과 구조 조정
으로 인해 공무원 시험과 공기업 시험, 대학원 시험을 준비하는 수
험생 수는 매년 사상 최고치를 경신하고 있다. 이제 평생직장은 더
이상 이 시대와 어울리지 않는 단어처럼 느껴진다.

이런 관점에서 보면 먼 곳의 진정한 의미는 물리적 거리 '멀다'가
아니라 '다르다'에 있다. 먼 곳은 현실의 삶과는 대조되는, 우리가 아
무리 '구해도 쉽게 얻지 못하는 것'을 상징한다.

• 무한 경쟁 사회를 일컫는 신조어.

•• 아무것도 하지 않고 누워있다는 뜻의 신조어로 N포 세대와 유사한 의미를 지닌다.

이 구해도 얻지 못하는 것이 삶의 가능성에 대한 동경으로 바뀔지, 아니면 지금의 삶에 대한 불만과 증오로 변할지는 우리의 생각에 달렸다. 이것은 특히 사소한 일을 대하는 태도에서 확연히 드러난다.

사소한 일을 기꺼이 받아들일 때 변화가 일어난다

우리는 왜 사소한 일을 싫어할까? 가장 표면적인 이유는 사소한 일에서 의미를 찾기 어렵기 때문이다. 그러나 더 근본적인 이유는 많은 사소한 일이 개인의 의지와 무관하게 타인에 의해 떠맡겨지는 경우가 많기 때문이다. 사회적 관계의 맥락에서 보면, 이러한 일들은 강요된 무의미한 노동 분업에 가깝다. 인류학자 데이비드 그레이버David Graeber는 그의 저서 『불쉿 잡』에서 이를 자본주의 사회에서 인간이 겪는 소외의 한 형태로 설명한다. 그렇다면 사소한 일을 싫어하는 감정은 단순한 기피가 아니라 소외를 향한 일종의 저항일지도 모른다.

하지만 사소한 일은 세계 질서에 대한 항복을 의미하기도 하고, 동시에 그 속에서 우리의 마음을 안정시키고 현실의 사소함을 초월하는 의미를 발견하는 계기가 되기도 한다. 더 나아가 힘든 노동은 자신을 단련하고 자신을 재구성하는 과정이 될 수 있다.

다만, 이 모든 것은 우리가 사소한 일을 기꺼이 받아들일 때만 가능하다.

사람들은 나에게 회사에서 만나는 기회주의자를 어떻게 대해야 하는지, 또는 사소한 일을 어떻게 처리해야 하는지 물어본다. 그럴 때마다 왜 사람들이 나에게 모든 문제에 대한 해결책이 있다고 생각하는지 궁금하다. 아마도 내가 심리학자이기 때문에 어떤 문제든 해결할 수 있을 거로 생각하는 것 같다.

물론 해결책이 없는 것은 아니다. 하지만 그것은 나만의 방식일 뿐이다. 내 해결책은 프리랜서로 일하며 최대한 내가 하고 싶은 일에만 집중하는 것이다. 지금까지는 이 방식이 꽤 잘 통했지만, 그건 운이 좋았기 때문이다. 덕분에 나는 많은 사람이 먼 곳으로 떠나서 직면해야 하는 어려움에서 벗어날 수 있었다.

먼 곳으로 떠나는 것은 쉬운 일이 아니다. 때로는 큰 대가를 치러야 할 때도 있다. 나는 유학을 가서 심리학을 공부하고 싶어 하는 싱글맘을 만난 적이 있다. 그녀는 학비도 마련하고 학교 지원도 끝냈지만, 한 가지 중요한 문제가 남아있었다. 초등학교에 다니는 자녀를 아빠에게 맡기고 떠나야 한다는 것이었다. 아이는 엄마가 떠나지 않았으면 하는 마음에 여러 가지 문제를 일으켰다. 그녀는 자신의 발전, 즉 불확실한 미래를 추구하는 대가로 자녀에게 상처를 줄까 봐 고통스러워했다. 주변 사람들은 그녀에게 현실적으로 생각하라고 조언했지만 그녀에게는 결코 쉬운 선택이 아니었다.

그녀는 오랜 고민 끝에 나를 찾아왔다.

"선생님, 제 선택이 틀리지 않았죠?"

나는 그녀가 나에게서 확신과 위안을 얻고 싶어 한다는 것을 알았다. 문제는 내가 과연 확신을 가지고 무엇이 옳은 선택인지 말해줄 수 있느냐는 것이었다. 나는 자아를 찾지 못한 채 현실에 묶인 엄마도 아니었고, 자신을 찾겠다며 떠난다는 엄마 때문에 상처받은 아이도 아니었다. 그래서 솔직하게 대답할 수밖에 없었다.

"저도 어떤 선택이 옳은지 모르겠어요. 다만 남들이 어떻게 생각하든 당신은 스스로 선택할 권리가 있어요. 선택하고 난 다음에 다른 문제들은 하나씩 해결하면 돼요."

먼 곳으로 가는 페리 티켓을 사는 데는 큰 비용이 들고, 새로운 곳에서 여러 위험을 맞닥뜨릴 수도 있다. 하지만 사소한 현실에 안주하는 것도 또 다른 위험을 감수하는 일일 수 있다. '평온한 절망' 속에서 자신을 잃어버리는 위험 말이다.

또 다른 내담자의 이야기다.

내가 만난 또 다른 내담자는 한때 반항적 삶을 살던 문학청년이었다. 그녀는 철학과 시, 음악을 좋아하고 정신적인 삶을 동경했으며 세속적인 삶을 경멸했다.

그녀의 남편은 성실한 엔지니어였고, 처음부터 그가 초월하고 싶었던 세속적인 삶의 일부였다. 남편은 그녀에게 매우 다정했고 항상 "내가 뭘 했으면 좋겠어?"라고 물었는데도 그녀는 남편에게 이해받지 못한다고 느꼈다. 두 사람 사이에 공통된 대화 주제는 거의 없었고,

결국 온 가족이 식탁에 앉아서 아무 말 없이 밥을 먹는 상황에 이르렀다. 주변 사람들은 모두 "네 남편은 정말 좋은 사람이다. 네가 너무 까다로운 거야. 현실적으로 생각해"라고 말했지만, 그녀는 결혼 생활에서 깊은 외로움을 느꼈다. 그리고 자신이 틀렸을지도 모른다고 자책하며 끊임없이 감정을 억눌렀다. 그러나 그녀는 감정을 억누를 수 없었고, 결국 집을 떠나기로 결심했다.

이 과정을 되돌아보며 나는 의아해서 물었다.

"그렇게 막연한 것들 때문에 현실에서 상처받을 각오를 할만한 가치가 있나요?"

그녀는 갑자기 울음을 터뜨렸다.

"이건 선택의 문제가 아니에요. 저는 제가 추구하고 동경하는 것을 포기할 수 없어요. 사랑과 이상을 포기할 수 없다고요. 비록 제가 그 이상을 이루지 못하더라도 말이에요. 만약 제가 그것을 포기하면 저 자신을 배신한 것처럼 느껴질 거예요. 그럼 제가 누구인지조차 알 수 없게 될 거예요."

그녀의 확고한 모습은 마치 창을 들고 풍차를 향해 돌진하는 돈키호테처럼 이상이라는 작은 조각에 매달려 현실 세계로 들어가기를 거부하는 듯 보였다. 터무니없어 보이기도 했지만 어떻게 보면 그것도 용기였다.

어쩌면 우리는 이상 세계의 붕괴를 여러 번 경험해 봐야 현실과 화해할 수 있을지 모른다. 그제야 비로소 이 혼란스럽고 불확실한 현실에도 나름의 가치가 있다는 사실을 깨닫게 될 것이다. 이 세상은 실망만 안겨주지 않는다. 가끔은 예상치 못한 놀라움을 주기도 한다. 결국, 이 현실이 우리가 유일하게 존재할 수 있고 소유할 수 있는 세계이기 때문이다.

나를 모르는 곳에서
인생을 다시
시작하고 싶어요

어려움에 부닥쳤을 때 우리는 늘 먼 곳으로 가서 삶을 새롭게 시작하고 싶다는 생각을 하곤 한다. 과연 그것이 가능한 일일까? 독자의 편지와 나의 답변으로 조금이라도 답이 될 수 있을지 모르겠다.

저도 제 편지에 답장을 받을 확률이 매우 적다고 생각합니다. 어쩌면 그래서 편지를 쓰기로 결심했는지도 모르겠네요. 어떤 제목이 가장 눈에 띄고 잘 보일지 고민도 많이 했습니다. 그러면서도 제 편지를 읽으시든 읽지 않으시든, 답장을 안 받았으면 좋겠다고 생각하기도 했습니다.

저는 중산층 가정에서 자란 외동딸입니다. 부모님 사이도 좋으시고, 어릴 때부터 사랑을 많이 받고 자랐습니다. 명문대학을 졸업한 후 얼마 전까지도 괜찮은 직장에 다녔습니다. 그런데 올해 퇴사하고 유학을 떠나 다시 공부하기 위해 어학 시험을 준비하고 있습니다. 부모님도 제 선택을 적극적으로 지지해 주십니다.

너무 순탄하고 평범한 제 삶이 불안해서 스스로를 무디게 할 무언가를 끊임없이 찾아야 했습니다. 뉴스나 지식 포털을 보거나 영화나 책을 보고, 음악이나 라디오를 듣거나 단어를 외우다가도 눈물이 나곤 합니다. 매 순간 무언가를 하면서 깊은 생각에 빠지지 않으려고 노력합니다. 왜냐하면 저는 많은 돈과 시간을 들인 이 모든 노력이 결국 헛되이 끝날 가능성이 크다고 느끼기 때문입니다.

게다가 저는 부모님의 지원을 받아 생활하고 있습니다. 아버지 건강이 좋지 않아 올해 심혈관 스텐트 시술을 받으셨습니다. 제가 아버지와 함께할 시간이 얼마나 남았을까요? 어머니는 외로움을 많이 타시니 그것도 큰 걱정입니다.

그럼에도 저는 언젠가 떠날 것입니다. 이 생각은 2년 전부터 해왔습니다. 그때 저는 직장에 다녔고, 소개팅도 하고 친구들과 어울리며 나름대로 알차고 만족스러운 삶을 살려고 노력했습니다. 지루하긴 했지만, 어떻게든 적응해 보려고 노력했습니다. 그런데 작년 말, 차를 타고 집으로 돌아오는 길에 갑자기 울음이 터졌습니다. 그때 문득 계속 이렇게 살다가는 점점 더 악화하리라는 것을 깨달았습니다. 오랜 지루함과 잠깐의 기쁨이 반복되는 삶을 살다 보면 결국 무너질 게 뻔했습니다. 저는 목표가 필요했습니다.

과거에도 비슷한 경험을 한 적이 있었습니다. 대학 시절, 심각한 우울증에 빠졌었죠. 흔한 이야기지만 열심히 공부해서 대학에 들어갔는데도 게임에 빠져서 학점을 채우지 못했고, 결국 유급을 피하지 못했습니다. 매일 침대에 누워 아무것도 하지 않던 시절, 어머니의 격려와 위로 덕분에 겨우 졸업할 수 있었습니다.

그래서 대학교에 다니는 동안 솔직히 아무것도 배우지 못했습니다. 게임을 하며 보낸 시간은 즐거웠지만, 그것 말고는 남는 것이 없었죠. 이런 상태에서 어떻게 취업했는지 의아해하실 텐데, 사실 부모님의 도움 덕분이었습니다. 저는 좋은 기회를 손에 쥐고도 제대로 활용하지 못한 사람이에요. 많은 사람이 누리지 못한 행운을 가졌음에도 결국 그것들을 다 허비하고 말았습니다. 저를 경멸하면서도 제 나름대로 노력하고 고통받았기 때문에 언젠가 용서받을 수 있으리라 생각했습니다. 물론 그 노력과 고통은 별것 아니었지만, 당시의 저에게는 최선을 다한 것처럼 느껴졌습니다. 하지만 정말 최선을 다했을까요?

저는 항상 인생을 다시 시작할 수 있는 버튼이 있으면 좋겠다고 생각했습니다. 어쩌면 유학이 저에게 매력적으로 다가온 이유도 과거의 실패를 모두 지워버릴 수 있을 것 같기 때문이겠죠. 저는 두 번째 기회를 통해 꿈꾸던 제가 되고, 원하는 것을 성취하며 자립하고, 친구를 사귀고, 사랑도 해보고 싶습니다.

하지만 이것 역시 또 다른 실패일 가능성이 큽니다. 만약 학업을 무사히 마치고 직업을 구할 수 있다면, 왜 이전 직장에서 열심히 하지 않았을까요? 몇 년간 저는 제가 무엇을 좋아하는지 몰랐고, 그저 싫어하는 것에만 주의를 기울였습니다. 실패가 두려운 나머지 아무 것도 하지 않았습니다.

이렇게 살아서는 안 된다는 것을 알지만, 어디서부터 어떻게 시작해야 할지 도무지 모르겠습니다.

늦은 밤에 혼자 중얼거리듯 쓴 글이라 두서가 없네요. 여기까지 읽어주셔서 감사합니다. 물론, 보지 않으셔도 괜찮습니다. 어쨌든 선생님께 제 이야기를 털어놓았으니, 그것만으로도 조금은 마음이 가벼워졌습니다. 감사합니다.

심리 솔루션
스스로 잘하고 있음을 인정하라

혹시 인생의 중요한 순간으로 돌아가는 꿈을 꿔본 적이 있나요? 방황하던 대학 시절일 수도 있고, 소속감을 느끼지 못한 직장에서일 수도 있으며, 아니면 그보다 더 이른 시기일 수도 있습니다. 꿈속에서 당신은 여전히 어려운 상황에 놓여있는데, 심지어 현실보다 상황이 더 좋지 않습니다. 하지만 꿈에서는 의기소침해 있지 않고 엄청난 노력과 인내, 용기를 발휘해 다른 선택을 합니다. 그 결과 당신은 자신을 구해냈고, 인생의 전환점을 맞이하게 됩니다. 꿈속에서 당신은 불안하면서도 행복합니다. 마침내 인생의 궤도가 바뀌었고, 원하는 방향으로 나아갈 수 있다는 사실에 행복하지만 반면에 이 모든 것이 꿈이라는 것을 알기에 불안함을 떨칠 수 없습니다. 꿈에서 깨어나면 모든 것이 아무것도 변하지 않았다는 것을 알게 될까 두려운 것이죠. 꿈속에서 느낀 행복이 클수록 깨어났을 때의 허탈함은 더 커지기 마련입니다.

지금 당신은 유학을 떠난다는 새로운 시작을 꿈꾸고 있습니다. 대학에 가면 공부도 열심히 하고 독립적인 생활도 하며, 새로운 친구를 사귀고 마음에 드는 사람과 연애도 하면서 이전과는 완전히 다른 대학 생활을 하려고 합니다. 좋은 학생이 되어 좋은 직장을 구하고, 과거의 실패와 좌절을 지우고 싶은 마음이죠. 당신은 그 꿈을 현실로 끌어당기고 있습니다. 다만, 그 꿈은 과거가 아니라 미래에 펼쳐지고, 이곳이 아니라 저 먼 곳에서 실현되기를 바라고 있습니다.

제가 '꿈'이라고 말하는 이유는 그것이 완전히 실현 불가능하다는 것이 아니라, 그 기능이 꿈과 비슷하기 때문입니다. 그 꿈은 과거의 삶을 바로잡고 싶은 욕구를 충족시켜 주기 때문입니다. 마음속에 깊이 남은 상처와 좌절이 클수록 '삶을 다시 시작하고 싶다'라는 생각은 더욱 강해지고, 우리는 어쩔 수 없이 그 환상을 현실로 만들고 싶어집니다.

당신의 좌절은 대학 시절 경험이 성공적이지 못했다는 사실을 받아들이기 어려울 만큼 당신에게 깊은 흔적을 남겼습니다. 그 경험은 이미 끝났지만, 마음속에서는 여전히 정리되지 않은 채 남아있습니다. 당신은 눈부시고 극적인 완벽한 반전을 꿈꾸며 새로운 삶을 시작하기보다는 끝난 경험에 마침표를 찍지 못한 채 그 자리에 머물러 있습니다.

사실, 그 좌절은 나름대로 괜찮은 결말로 끝났습니다. 무사히 졸업했고, 꽤 괜찮은 직장도 구했으니까요. 학업에 어려움을 겪었을 때만 해도 당신은 '무사히 졸업해서 좋은 직장을 구하는 것'을 꿈꿨을 것입니다. 그때 당신의 관점에서 지금의 삶은 당신이 꿈꾸던 미래였을 것입니다.

당신이 경험한 고통과 노력은 절대 헛되지 않았습니다. 그 시절에도 당신은 충분한 능력과 지능을 갖추고 있었습니다. 문제는 당신에게 실패의 경험이 없었다는 것입니다. 많은 명문대 학생이 처음 실패를 경험할 때, 어떻게 대처할지 몰라 혼란에 빠지곤 합니다. 그때 당신은 학업보다 훨씬 더 큰 적과 맞서 싸우고 있었죠. 그 적은 바로 '우등생'에서 '열등생'으로 떨어졌을 때 느끼는 심리적 격차와 그로 인한 수치심과 좌절감이었습니다. 그런데도 당신은 끝까지 버텨냈습니다.

당신은 그 경험을 지우고 싶은 마음이 너무 강해서 그것이 어떤 깨달음으로 작용하는지 제대로 생각해 볼 기회를 얻지 못했습니다. 그 안에는 실패와 좌절도 있었지만, 당신을 지탱해 준 힘도 숨겨져 있었습니다.

당신은 부모님의 도움으로 학업을 마치고 직장을 구했다고 생각합니다. 부모님의 지원에 감사하면서도 그들의 존재가 당신의 독립적인 능력을 방해한 것은 아닐까 하는 의구심도 있겠죠. 우리는 인생의 어느 시점에서 스스로 살아가는 능력을 증명하기 위해 부모에게서 독립해야 합니다. 그러나 부모님은 당신의 자원이자 지원군이지, 문제의 원인이 아닙니다. 만약 빌 게이츠가 부모님의 지원을 받지 않았다면 마이크로소프트를 창업하는 데 어려움을 겪었을 것입니다. 하지만 그는 이렇게 생각하지 않을 겁니다.

"부모님 도움만 없었다면 내가 스스로 창업할 수 있었을 텐데."

그는 자신을 증명하기를 원했던 게 아니라 일을 해내기를 원했을 테니까요.

젊었을 때 외국에서 공부하는 것은 좋은 기회라고 생각합니다. 새로운 지식과 경험을 쌓는 데 그만한 것도 없죠. 그러나 환경을 바꿔서 자신을 바꾸려는 시도는 더 복잡한 문제입니다. 먼 곳으로 떠나 기대했던 변화를 겪은 사람도 있지만, 다시 예전의 삶으로 돌아가는 사람도 많습니다. 삶은 단순히 환경을 바꾸는 것만으로는 새로 시작되지 않습니다. 우리는 저마다 오랜 과거를 지녔고, 그 오랜 과거는 먼 곳에 간다고 해서 사라지지 않습니다. 그것은 환경에 있는 것이 아니라, 우리의 마음과 생각 속 그리고 도전에 대한 반응과 환경과의 상호 작용에 있습니다.

우리는 자기 생각과 행동 패턴을 이해하고, 그들의 역사와 이점, 그로 인해 발생할 수 있는 문제를 파악해야 합니다. 새로운 환경이 우리에게 새로운 도전을 제시할 때, 우리는 익숙한 것을 내려놓고 낯선 것을 시도할 줄 알아야 합니다. 그래야만 새로운 환경에서 우리가 원하는 변화를 이룰 수 있습니다. 물론 그 과정에 수반되는 강한 불안과 두려움은 피할 수 없는 과제입니다.

마지막으로 한 가지 묻고 싶습니다. 만약 어느 날, 인생을 다시 시작할 수 있는 신비로운 데이터 센터가 생겼고, 여기에서 당신 인생의 일부 경험만을 남기고 나머지를 지울 수 있다면 어떨까요? 그런데 주어진 용량은 딱 1GB뿐입니다. 이 한정된 공간에 어떤 경험을 남기고 싶은가요? 막상 그때가 되면 데이터 용량이 너무 적다고 생각하지 않을까요?

　앞으로의 인생에 행복이 가득하길 바랍니다.

생각과 실천

♥ 생각하기

1   당신은 정교하게 설계된 계획에 따라 살아가길 바라는가? 아니면 다양한 경험과 예상치 못한 놀라움과 기쁨으로 가득 찬 삶을 원하는가?

2   어떤 일을 할 때 마음을 차분하게 하고 집중할 수 있는가? 그것은 어떤 과정을 통해 이루어지는가?

3   목표를 이루지 못했을 때, 자신의 노력을 어떻게 바라보는가?

4   당신이 상상하는 먼 곳은 어떤 모습인가? 현재의 삶과 어떤 차이가 있는가?

5   인생을 처음부터 다시 시작할 수 있다면 가장 지우고 싶은 경험은 무엇인가? 그 이유는 무엇인가?

6   인생을 처음부터 다시 시작할 수 있다면 가장 남기고 싶은 경험은 무엇인가? 그 이유는 무엇인가?

♥ 실천하기

1   생각의 전환

틱낫한 스님은 『틱낫한 명상』에서 우리가 하기 싫은 일을 할 때는 그 시간을 '내 시간'이라고 여기지 않고, 반대로 좋아하는 일을 할 때는 '내 시간'이라고 생각한다고 했다. 그러나 사실 모든 시간은 '내 시간'이며, 우리는 그 시간을 잘 경험하고 성실하게 보내야 할 책임이 있다.

지금까지 살면서 '내 시간'이 아니라고 생각해서 대충 흘려보낸 시간은 없었는가? 만약 그 시간을 '내 시간'으로 여긴다면, 어떻게 더 의미 있게 보낼 수 있을까? 한번 생각해 보자.

2 사소한 일도 진지하게 임하기

설거지, 청소, 요리 또는 아이 돌보기와 같은 일상의 사소한 일에 진지하게 몰입해 보자. 마치 수행하듯이 온전히 집중해 보자. 그 일의 모든 세부적인 것과 그 일을 할 때의 감정과 느낌까지 생각해 보자.

3 몰입하기

시카고대학교의 심리학자 미하이 칙센트미하이는 몰입을 '개인이 어떤 활동에 온전히 몰입할 때 생기는 무아의 상태'로 정의했다. 몰입 상태에서는 높은 흥분과 성취감을 경험할 수 있다.
미하이는 몰입을 경험하기 위해서는 다음의 세 가지 조건이 필요하다고 제시했다.

① 명확한 목표와 분명한 규칙이 있어야 한다. 즉, 어느 방향으로 가야 할지, 어떻게 가야 할지를 알아야 한다.

② 즉각적인 피드백 시스템을 구축해야 한다. 우리가 어떤 행동을 취했을 때 그게 옳은지 그른지에 대한 피드백이 있어야 한다.

③ 과제가 도전적이어야 한다. 너무 쉬워서 허무하게 끝나거나 너무 어려워서 시도할 수 없는 과제는 안 된다. 과제를 완수하기 위해 잠재력을 발휘할 수준이면 좋다.

글을 쓰거나 좋아하는 운동을 하거나, 새로운 기술을 배우면서 몰입 경험을 시도해 보자. 당신이 하고 있는 활동이 이 세 가지 기본 조건을 충족하는지 생각해 보자.

2장

부모와 새로 관계를
맺는 중입니다

누구도 외딴섬이 아니다.

어떤 사람도 그 자체가 전체인 섬이 아니다.

사람은 누구나 대륙의 한 조각이며

전체 중 일부다.

— 존 던(John Donne)

내가 나를 위로하지 않으면 누가 나를 위로해 줄 것인가?

내가 나만을 위한다면 나는 대체 무엇인가?

— 랍비 힐렐(Hillel the Elder)

불완전한 부모를 향한
슬픔

예전에 더우반豆瓣에 'Anti-Parents'라는 매우 유명한 커뮤니티가 있었다. 회원 수가 10만 명이 넘는 이 커뮤니티의 로고는 뼈를 발라내 아버지에게 주고 살을 잘라내 어머니에게 돌려주는 중국 신화 속 신 '나타哪吒'를 형상화했다. 그리고 홈페이지를 열면 강렬한 제목이 눈에 들어오는데 누가 봐도 짙은 원망과 분노가 느껴졌다. '누가 너를 조종하는가?' '그들은 자녀를 사람이 아닌 물건으로 취급한다' '부모와 어떻게 대치할 것인가?' 같은 이성적인 글도 있고, '아버지와 싸웠다' '어머니가 나를 배은망덕하다고 욕했다' '죽기로 결심했다'와 같이 비이성적인 글도 넘쳐났다.

또 이와는 대조적으로, 유명하진 않은데 색깔이 다른 커뮤니티가 있었다. 'Anti-Anti-Parents'는 회원 수가 겨우 2,500명 정도밖에 되지 않았다. 여기에는 '부모님과 다투었는데 지금은 다 괜찮다' '부모님과 역할을 바꿔 생각해 보니 이해가 간다' '미움을 내려놓는 것은 나 자신을 구원하는 길이다' 같은 글이 올라왔다. 아무리 봐도 동네 부녀회 어머니들이 위장 잠입한 것 같다는 생각이 들기도 했다.

이 커뮤니티들은 부모를 대하는 두 가지 상반된 태도를 보여준다. 하나는 분노이고, 다른 하나는 용서다. 중국의 역사적 전통을 보면 후자가 훨씬 정통적이지만, 당시에는 전자가 훨씬 인기가 많았다.

우리가 놓치고 있는 부모에 관한 진실

최근 심리학이 대중화하면서 우리는 부모와의 관계를 새롭게 평가하고 부모가 우리 성장에 미친 영향을 이해하게 되었다. 하지만 그로 인한 부작용으로 부모는 존경받는 가족의 권위자에서 심리적 문제의 희생양으로 전락하고 말았다. "내 문제는 원가정에서 비롯되었다"라는 말을 하는 사람들이 많아졌는데, 그들 중 대부분은 심리학 서적을 읽었을 게 분명하다. 여기서 우리가 잊지 말아야 할 것은 이 책들은 원가정이 인격 형성에 미치는 영향을 알리기 위해 필사적으로 노력하고 있다는 것이다. 그들의 주장이 어느 정도 맞긴 하다. '가족은 인격 형성에 만드는 공장이다'라는 말도 있지 않은가. 과거를 돌아보면 어린 시절 부모의 다툼, 무시, 과보호, 통제, 엄격한 기준, 이해하기 어려운 기대 등이 실제로 우리의 인격 형성에 영향을 미쳤다는 것을 알 수 있다.

그러나 이런 주장은 우리를 삶의 책임자나 결정자가 아닌 피해자로 만들기도 한다. 실제로 극악무도할 정도의 나쁜 부모는 거의 없지만, 다양한 결함을 가진 평범한 부모는 많다는 사실을 쉽게 간과하게 된다. 그들은 시대적 배경과 교육 수준, 성장 환경과 사회적 지위에 얽매여 있으므로 자녀를 사랑하고 싶지 않은 것이 아니라 사랑하는 방법을 몰랐던 것뿐이다. 그들은 문제를 인식하지도 못했는데, 어느새 상처는 현실로 존재한다.

이런 상처는 분노를 키우고, 분노는 삶의 다른 불만족을 더해 'Anti-Parents'와 같은 커뮤니티가 빠르게 확산한다.

분노는 인간관계를 정의하는 중요한 요소다. 이 관계에는 강자와 약자가 있고 가해자와 피해자가 있다. 당신이 분노 속에서 비난이나 냉소, 복수, 무엇을 하든 분노는 항상 감정의 양쪽에 있는 사람들을 하나로 묶는다. 그래서 분노는 가족과의 관계를 구속하고 독립을 방해할 뿐 아니라 관계를 파괴하고 무너뜨린다.

분노는 매우 강한 데 비해, 'Anti-Anti-Parents' 커뮤니티의 '용서'는 너무 가볍다. 너무 가벼워서 현실을 미화하고 회피하는 것은 아닌가 하는 의문이 들 때도 있다.

과연 더 나은 길은 없을까?

성인 자녀와 나이 든 부모의 관계

내 친구는 엔지니어로 성공적인 커리어를 쌓고 있지만, 삶 자체에는 그다지 만족하지 못한다. 그의 부모는 어떤 회사의 구내식당에서 허드렛일을 하고 교육도 거의 받지 못해서 항상 그 친구에게 "열심히 공부해라, 친척을 만나면 예의 바르게 행동해라" 같은 말만 하셨다. 인생관이나 사회 경력, 이상 등에 관한 이야기는 거의 나눌 수 없었다.

하지만 그는 혼자서 천천히 성장해 갔다. 지역의 좋은 중학교에 입학했고, 이어서 좋은 대학까지 들어갔다. 대학에 입학하기 전에는 늘 순종적인 아이였고, 부모님께 한 번도 대든 적이 없었다. 막상 대학에 가서 보니 성적 외에도 신경 써야 할 일이 많았다. 그러나 부모님은 그와 이런 이야기를 나누지 않았고, 여전히 옛날 방식으로 교육하려 했다. 그러자 충돌이 발생하기 시작했다. 부모님이 무슨 말을 하든 그는 일단 반박부터 했고, 그때마다 속에서 '당신들의 교육 방식에 문제가 있어요'라는 생각이 울컥울컥 올라왔다.

도저히 입 밖에 낼 수는 없었지만, 그 말 뒤에 숨겨진 원망은 계속 쌓여갔다.

물론 부모님도 그의 변화를 느끼긴 했지만, 결국 주제에 맞는 좋은 대화를 제대로 나누지 못하고 만날 때마다 같은 이야기만 반복했다.

"우리에게 신경 좀 써줘."

하지만 그는 어떻게 대답해야 할지 몰랐다. 머릿속에는 온통 빨리

이 가정에서 벗어나고 싶다는 생각뿐이었기 때문에 말할 수 없는 죄책감과 자책감이 몰려왔다. 그렇게 부모님과 서서히 멀어지기 시작했다. 그는 집에서 멀리 떨어진 곳에 직장을 구했고, 집에 전화하는 일도 드물었다. 몇 년 후 집에 돌아갔을 때, 부모님은 여느 때처럼 불평을 늘어놓았다.

"옆집 아들은 집 근처 약국에서 일해서 매일 온 가족이 함께 식사하는데, 지금은 아이도 생겨서 집안 분위기도 좋아지고 얼마나 부러운지 모른다."

그는 갑자기 분노가 치밀어 올라서 입을 앙다문 채 고개를 숙이고 말했다.

"어릴 때 저더러 열심히 공부해서 나중에 베이징이나 상하이에 있는 대학에 가라고 하셨잖아요. 그런데 인제 와서 매일 같이 밥을 먹으라고요?"

그 말을 입 밖으로 내뱉자마자 마음에 걸렸다. 부모님도 아무 말도 하지 않았다. 아마 무슨 말을 해야 할지 몰랐을 것이다. 그는 미안하다는 말을 건네고 싶었는데, 입이 쉽사리 열리지 않았다. 결국 세 사람은 어색한 침묵 속에서 식사에만 몰두했다.

얼마 지나지 않아 그는 다시 자신이 일하는 도시로 돌아왔고 곧바로 나를 찾아왔다.

"제가 지금 괜찮아 보이세요?"

"좋아 보이는데요?"

나는 놀라서 그를 쳐다보며 대답했다.

"좋은 학교 나와서 좋은 직장에 다니고 있고, 그 나이에 차도 있고 집도 있잖아요."

"그럼 제가 이 모든 걸 이뤄낼 수 있었던 건 전적으로 제 노력 덕분일까요, 아니면 부모님이 잘 키워주신 덕분일까요?"

"당연히 부모님의 공헌도 있지 않을까요?"

나는 잠시 멍해졌다.

"왜 그런 질문을 하시는 거죠?"

"그냥 확인해 보고 싶었어요. 오랫동안 부모님은 제 학업이나 생활에 전혀 관여하지 않으시고 그저 요구만 하셨어요. 다른 친구의 부모님은 숙제도 봐주시고, 대화도 나눴는데, 저는 무엇이든 혼자서 해야 했어요. 그냥 저는 두 분이 오랜 세월 동안 저를 키워주신 게 맞는지 확인해 보고 싶었어요."

"만약 그렇다면요?"

"그렇다면 저는 혼자가 아니네요, 저는 부모님이 옆에 있다는 느낌을 아주 오랫동안 잊고 있었거든요."

그의 분노는 서서히 가라앉고, 그 이면에 숨겨져 있던 슬픔이 드러나기 시작했다.

나는 그 슬픔이 무엇인지 안다. 그것은 우리가 인정하기 힘든 사실이다. 우리에게는 우리를 이해하고 지지하고, 도와줄 부모가 없고, 다른 사람이 누리는 웃음으로 가득한 평온한 어린 시절도 없었다. 적어도 우리가 꿈꾸던 이상적인 모습은 아니었다. 우리는 '행복하고 원만한 가정'이 인생의 기본이라고 착각하지만, 결국 그것이 사치임을 깨닫게 된다. 그리고 우리를 가장 슬프게 하는 것은 부모님이 최선을 다했다는 것이다. 그들이 줄 수 있는 것과 생각할 수 있는 것은 전부 다 해주었기 때문이다.

부모님과 이 상황을 어떻게 할 수 없다는 사실이 참으로 슬프게 느껴진다.

휴가 때 친구가 집에 다녀오고 나서 한 첫 마디가 "부모님이 생각보다 많이 늙으셨다"였다.

심리학자 엘리자베스 퀴블러-로스Elisabeth Kübler-Ross는 사람이 죽음을 대하는 방식을 연구하면서 '부정-분노-타협-우울-수용'이라는 슬픔의 5단계 이론을 제시했다. 이 이론은 불완전한 부모와 같은 불만족스러운 일을 마주할 때 사람들이 겪는 심리적 과정을 설명하는 데에도 자주 적용된다.

그렇다면 불완전한 부모를 어떻게 대해야 할까? 분노와 용서 외에, 우리는 슬픔도 겪어야 할 것이다. 슬픔이 좋은 해결책은 아니지만, 그래도 진실에 가장 가까운 감정이다. 슬픔은 우리가 분노에서 벗어나게 해주고, 단순한 피해자가 아니라 자기 삶을 책임지는 독립적인 사람으로 만들어준다. 슬픔 속에서 사랑과 연민을 키워나간다. 이 사랑과 연민은 부모에게만 주어지는 것이 아니라 한때 약했던 우리 자신에게도 주어진다.

부모로부터 받은 상처에서
멀어지기

내가 참여했던 여러 활동 중 가장 좋아하는 것은 질의응답 시간이다. 청중의 질문은 그들의 경험을 바탕으로 이루어지기 때문에 나역시 아는 지식만 전달하는 데 그치지 않고 그들의 삶에 개입할 기회가 주어지기 때문이다. 그래서 질문을 받으면 속으로 이런 의문을 떠올린다.

'왜 그들은 이런 자리에서 이런 질문을 했을까?'

'왜 그들은 이런 질문이 아니라 그런 질문을 했을까?'

'내 대답이 그들에게 어떤 영향을 주면 좋을까? 어떻게 말해야 실제로 영향을 줄 수 있을까?'

마치 소규모로 짧은 상담을 진행하는 것과 같았다.

성인이 되어도 부모의 상처에서 벗어나지 못한 사람들

한번은 '가정의 사랑과 원망'에 대한 강연을 하러 갔다. 현장에 많은 분이 와주셔서 주최 측은 되도록 모든 사람이 앉을 수 있도록 맨 앞줄에 추가로 자리를 마련했다. 질의응답 시간이 되자 모두가 활발하게 질문을 던졌다.

가정을 주제로 한 자리에서 '원가정'에 관한 질문은 결코 빠질 수 없는 요소였다. 한 여성이 질문을 던졌다.

"예전에는 원가정이 얼마나 중요한지 몰랐어요. 하지만 최근 몇 년간 심리학 관련 책을 읽으면서 어머니가 저에게 미친 영향을 점점 깨닫게 되었어요. 어머니는 굉장히 불안한 사람이며, 늘 가난하다는 생각에 사로잡혀 있습니다. 항상 돈 걱정뿐이고 저를 무능하다고 깎아내리며 자기 인생에 방해가 된다고 말했어요. 실제로 그런 말을 계속 듣다 보니 정말 제가 그런 무능한 사람은 아닌지 의심이 들기도 해요. 몇 년 전까지는 일을 할 수 있어서 괜찮았는데, 일을 그만둔 후로는 상황은 더 나빠졌어요. 어떻게 하면 이런 영향에서 벗어날 수 있을까요?"

이는 원가정과 관련된 매우 전형적인 질문이다. 원가정에 대해서는 두 가지 관점이 있다. 첫 번째는 원가정 결정론으로, 원가정이 사람의 기본 운영체제와 같아서 지대한 영향을 미친다고 본다. 우리가 현재 겪는 모든 문제와 어려움은 원가정으로부터 비롯된 것이거나,

최소한 원가정에서 그 원인을 찾을 수 있다는 입장이다. 이 주장은 어느 정도 타당성이 있다. 정신 분석 관련 책들을 읽어보면 지금 자신의 문제를 원가정과 연결하는 것이 매우 흔하다. 이런 연결이 '원가정 결정론'에 대한 인식을 더욱 심화시킨다.

두 번째 관점은 자기결정론으로, 인간의 자유 의지와 선택을 강조한다. 이 관점은 원가정의 영향에 깊이 빠져있으면 이를 핑계 삼아 자신의 삶에 대한 책임을 회피하려는 것이라고 본다.

사실 엄밀히 말하면 이 두 가지 관점은 모순되지 않는다. 둘 사이에 존재하는 중요한 차이점은 우리가 원가정의 영향을 이해하고 난 뒤, 현재 그것을 어떻게 받아들이느냐는 것에 있다. 이는 단순히 자아 인지를 높여 변화의 방향을 제시하는 것인지, 아니면 변화할 수 없다는 이유로 받아들이는 것인지에 관한 문제이다.

앞서 질문을 던진 그 친구가 원가정이 자신에게 얼마나 깊은 영향을 미쳤는지 강조했을 때, 그녀는 자신이 결코 변할 수 없다는 것을 암시하는 것 같았다. 그러나 그녀의 질문은 '어떻게 이 영향에서 벗어날 수 있을까'였다. 어쩌면 그녀는 자신이 원가정의 영향을 벗어날 수 없다는 생각 자체가 이미 그녀의 '어떻게 벗어날까'에 대한 고민을 가로막고 있다는 것을 깨닫지 못했을지도 모른다.

그래서 나는 그녀에게 물었다.

"집을 떠난 지 얼마나 되었나요?"

"제가 졸업한 지 7년 됐으니까…."

"그럼 대학 입학 때부터 따져보면 11년이나 되었네요. 원가정이 우리에게 막대한 영향을 미친다는 건 사실이지만, 집을 떠난 지 11년이나 지났으면 원가정과는 다른 새로운 경험을 해봐야 하지 않았을까요? 지난 몇 년 동안 심리학 서적을 읽고 나서야 원가정의 영향을 깨닫게 되었다면 이제 그 책들을 모두 버리는 게 좋을 것 같아요. 그 책들이 원가정의 문제를 해결해 주지 못했을 뿐만 아니라, 오히려 원가정에 대한 문제를 더 깊이 고민하게 했기 때문이에요."

그녀는 내 대답이 만족스럽지 않다는 듯 중얼거렸다. 그리고 이렇게 물었다.

"그럼 구체적으로 어떤 방법을 제안하실 수 있나요?"

"만약 정말로 그 영향에서 벗어나고 싶다면 집에 돌아가서 어머니와 한번 싸워보세요. 어머니가 당신에게 어떤 영향을 주었는지, 당신에게 어떤 상처를 입혔는지 말해주세요. 그리고 결과와 상관없이 그 일은 마무리 짓고 새로운 삶을 시작하세요. 그리고 만족할 만한 새로운 직업을 어떻게 찾을지 고민해 보세요."

이렇게 제안한 뒤 그녀에게 물었다.

"이 제안을 시도해 볼 건가요?"

"아니요."

그녀는 단호하게 말했다.

"엄마는 제 말을 듣지 않을 거예요. 제가 말하고 싶은 건, 원가정이 미치는 영향이 정말 강하다는 거예요…."

그리고 다시 원가정이 한 개인에게 얼마나 큰 영향을 미치는지 설명하기 시작했다. 그녀의 말에 현장에 있던 청중들이 수군거리기 시작했다.

나도 계속해서 말을 이어갔다.

"보세요, 지금 계속 원가정이 당신에게 큰 영향을 미쳤다고 말하고 있어요. 저에게 어떻게 해야 할지 물었지만, 제 제안을 듣고 싶지 않다고도 했죠. 당신이 변하고 싶지 않다면 제가 도울 방법은 없을 것 같습니다."

그러자 청중들이 술렁이기 시작했다. 그녀는 뭔가 더 묻고 싶은 듯 보였으나 마지못해 자리에 앉았다. 나와 그녀 사이에 작은 갈등이 있는 것 같아서 청중들이 나를 지지하려고 했던 것 같은데, 그런 지지는 오히려 나를 불편하게 했다.

'내가 그렇게까지 말할 이유가 있었을까? 내가 너무 강압적으로 굴어서 그녀를 돕기는커녕 오히려 상처만 준 건 아닐까?'

질의응답 시간이 끝났지만, 나는 이 문제에서 벗어날 수 없었다. 나는 왜 그녀가 원가정이 미치는 영향을 이야기하면서 다른 사람의 조언은 받아들이지 않는지 생각해 봤다. 내 말대로 그녀가 인생의 책임을 회피하기 위해 핑계를 대는 것인지, 나의 답변 방식이 그녀를 불편하게 한 것인지, 그것도 아니면 그녀가 변하고 싶지 않은 것이 자기 잘못이 아님을 강조하고 싶은 건지 도무지 알 수 없었다.

그러다 문득 그녀가 했던 말 중 "어머니가 제 말을 듣지 않아요"라는 말이 떠올랐다. 그녀가 이 말을 했을 때 고집스러운 느낌을 받긴 했지만, 대수롭지 않게 여겼다. 그 순간 내 머릿속에 수많은 장면이 스쳐 지나갔다. 나는 원가정이 미치는 영향을 너무 잘 알았고, 그것을 부모님과 공유하고 싶어 했던 내담자들이 떠올랐다. 그중 일부는 머릿속으로 시뮬레이션만 해보고, 일부는 실제로 그런 대화를 시도하기도 했다. 하지만 결과는 거의 좋지 않았다. 누가 자신을 비난하는 말을 받아들일 수 있겠는가? 더군다나 어려서부터 키워온 자녀가 자신을 탓한다면 더욱 받아들이기 쉽지 않다. 조금 과격한 엄마는 이렇게 말할 것이다.

"넌 대체 공부를 어디로 한 거니? 쓸데없는 소리나 하고 말이야!"

"네가 못난 걸 왜 부모 탓을 하니? 그렇게 잘해준 건 기억 못 하고, 그거 하나 못 해줬다고 서운해하기는. 헛키웠네!"

좀 더 온화한 엄마는 이렇게 말할지도 모른다.

"그래, 그래. 내가 몰라서 그런 거야. 너는 나중에 엄마가 되면 그러지 마."

보통 이럴 때 자녀들은 부모에게 고집을 부리거나 신경질을 낸다. 그들은 부모가 인정하길 바라지만 사실 쉬운 일은 아니다. 또 자녀들이 이 싸움에서 이기고 싶어서 쓰는 방법은 '부모 때문에 자신이 잘 살지 못하고 있다'라는 주장이다. 그래야 '모두 부모와 원가정의 탓이다'라는 결론으로 귀결시킬 수 있기 때문이다.

과연 이것이 원가정의 영향일까? 물론 그럴 수도 있지만, 그 영향은 과거에 발생한 것이 아니라 지금 우리가 부모와의 관계에서 겪는 갈등 속에서 발생한 것이다.

나중에 다시 생각해 보니 만약 그때 그 질문에 다시 답변할 기회가 생긴다면 이렇게 말할 것 같다.

"우리가 원가정의 영향을 강조하는 이유는 부모에게 받은 상처를 보여주고 인정받고 싶기 때문입니다. 그걸 알아봐 줘야 깨끗하게 내려놓고 앞으로 나아갈 수 있을 것 같죠. 그러나 많은 경우 부모의 인정은 기대하기 어렵습니다. 그러면 그 영향은 마치 주문처럼 우리를 그 자리에 묶어두고 앞으로 나아가지 못하게 합니다. 부모가 전혀 인지하지 못하는 경우도 많아서 다른 사람에게 알리고 싶어지기도 합니다. 오늘 이 질문을 한 것도 어쩌면 우리에게 그 상처를 알리고 싶어서일 겁니다. 제가 당신의 부모는 아니지만, 제 인정이 당신에게 도움이 되고 그 갈등을 내려놓는 데 도움이 된다면, 저는 기꺼이 인정하겠습니다. 하지만 만약 그것이 도움이 되지 않는다면, 이제는 인정받지 못한 상처를 계속 부둥켜안고 있을 것인지, 아니면 멈추고 앞으로 나아갈 것인지 생각해 보길 바랍니다."

아마도 그녀가 진짜 원했던 답변은 이것이 아니었을까. 그리고 이것은 그녀뿐만 아니라 많은 사람이 원하는 답변이기도 하다.

들여다보지 못한
자신의 내면

얼마 전부터 나는 자기 변화 훈련 캠프를 운영하고 있다. 매주 실시간으로 수강생들과 함께 자기 변화의 어려움에 관한 이야기를 나눈다. SNS 라이브처럼 진행되다 보니 수강생들이 나에게 일방적으로 질문을 던지고 답을 구할 것 같지만, 실제로 그렇게 간단하고 직접적인 질의응답이 이뤄지는 경우는 거의 없다. 오히려 수강생들끼리 서로 의견을 나누는 과정에서 문제를 더 깊이 이해하고 답을 찾아내는 경우가 많다.

30대 초반쯤 돼 보이는 수강생의 이야기다.

"저는 무슨 일을 해도 집중을 못 하는 것 같아요. 소설을 배우고 싶어서 글쓰기 수업에 등록했는데 열흘 만에 포기해 버렸어요. 심리학을 공부해서 자격증을 따고 싶었어요. 관심은 큰데도 처음부터 시작하기에 나이가 너무 많아서 현실적이지 않다는 걸 깨닫고 포기했죠. 제 인생은 항상 이런 식이었어요. 장애물이 생기면 바로 포기해 버리고, 무슨 일이든 깊게 몰입하지 못해요. 강의에서 변화할 수 없는 가설을 찾아보라고 하셨는데, 제 가설은 '사회적 가치가 없으면 버림받는다'인 것 같아요. 아마도 이것이 제가 실패를 두려워하는 이유인 것 같아요. 저는 어떻게 해야 할까요?"

솔직히 말하면 나도 잘 모르겠다. 비슷한 문제로 고민하는 사람들을 많이 봐왔지만, 무엇이 그녀에게 문제를 일으키는지 정확히는 모르겠다. 그녀는 무슨 일을 해도 피상적인 것이 문제라고 했지만 나까지 피상적인 답변을 해주고 싶지는 않았다.

그래서 그녀에게 어떤 삶을 살아왔는지 이야기해 달라고 했다.

"저는 직장 생활을 한 지 벌써 10년이 넘었어요. 10년 동안 주변 사람들은 모두 승진하고, 연봉도 올랐고 임원까지 됐지만, 저는 아직도 기본적인 업무를 합니다. 10년 전, 처음 입사했을 때 받았던 월급을 지금도 여전히 받고 있어요. 지난 10년 동안 뭘 했는지 모르겠고, 인생이 20대에서 멈춘 것 같아요. 제 마음도, 일도, 생활도 멈춰 버렸어요. 친한 친구도 없고, 가정도 이루지 못했죠. 유일하게 멈추지 않은 건 저와 저희 부모님이 나이 들어가고 있다는 거예요."

시간은 흘렀는데, 그녀는 그만큼 성장하지 못했다. 인생의 모든 것이 멈춰버렸다는 그녀의 말이 어딘지 모르게 슬퍼보였다. 나는 멀리서 그녀의 삶을 바라볼 뿐 아직 그 삶에서 구체적인 실마리를 찾아내지 못했다. 그녀의 삶이 왜 성장하지 못했는지 아직 모르겠다.

그녀가 소설을 쓰고 싶다고 말했던 것이 생각나서 무심코 질문을
던져봤다.

"어떤 소설을 쓰고 싶었나요?"

"잘 모르겠어요. 저는 스트레스를 받을 때마다 소설을 읽어요. 그
렇게 몇 년 동안 엄청난 양의 책을 읽다 보니 거의 중독된 것 같아요.
책을 읽다보니 한번 써보고 싶다는 생각이 들어서 시도해 봤는데,
저에게 그럴 재능이 없다는 걸 바로 알게 되었죠."

스트레스를 피하려 했던 게 오히려 중독까지 되었다니, 그 정도라
면 스트레스가 정말 많았던 것 같다. 다시 그녀에게 질문했다.

"당신 삶에서 가장 큰 스트레스는 무엇인가요?"

마치 내가 이 질문을 해주기를 기다렸던 것처럼, 그녀는 주저 없
이 바로 대답했다.

"어머니요."

"네?"

"저희 어머니가 뇌졸중으로 쓰러지신 지 몇 년 되었어요. 한때 엄
청나게 고민했어요. 어차피 이 정도밖에 못 버는데, 차라리 고향으
로 돌아가서 어머니를 돌봐야 하는 게 아닐까 하고요. 그런데 저와
어머니가 완전히 하나로 묶일까 봐 두려웠어요. 그렇게 되면 저는
완전히 저를 잃게 될 테니까요. 그렇다고 제가 자아가 그렇게 강한
사람은 아니에요."

나는 어머니가 쓰러지신 게 언제냐고 물었고, 그녀는 10년 전이
라고 대답했다. 앞서 그녀가 말한 인생이 멈춘 것 같다는 시기와 정

확히 일치했다. 그럼 누가 어머니를 돌보고 있는지 물었더니, 그녀가 대답했다.

"제가 돌보고 있어요. 매주 집에 가요. 작년에는 어머니를 저의 집으로 모셔왔는데, 정말 악몽 같았어요. 간병인을 고용했지만, 어머니는 간병인이 마음에 들지 않는지 계속 불평하고 트집을 잡으셨죠. 간병인을 열 명 넘게 바꿔봤는데도 어머니 마음에 드는 사람이 하나도 없었어요."

나는 어머니가 간병인을 마음에 들어 하지 않았던 이유가 딸과 더 많은 시간을 보내고 싶기 때문일 것이라고 말했다.

내 말에 그녀도 동의했다.

"맞아요. 어머니는 신경 쓰지 말고 제 일이나 하라고 늘 말씀하시지만, 사실 제가 돌봐주기를 바라신다는 것을 알죠. 근데 정말 너무 피곤해요. 도망치고 싶다는 생각이 들 때도 있는데, 그때마다 저 자신을 꾸짖게 되죠. '다른 사람도 아니고 네 엄마야, 네가 어떻게 엄마를 짐처럼 여길 수 있니!' 하지만 사실은 어머니가 정말로 엄청난 스트레스의 원인이에요."

어머니와의 갈등을 겪은 이야기를 들으면서 나는 문득 그녀가 왜 집중하지 못하고 오랜 기간 정체된 삶을 사는지 새롭게 이해할 수 있었다.

"당신 말을 들어보니, 사실 당신은 두 가지 일을 동시에 하는 거네요. 하나는 지금 하는 일이고, 다른 하나는 어머니를 돌보는 일이요. 어머니를 돌보는 일이야말로 당신에게 정말 중요한 일인데, 그에 비하면 지금 하는 일은 단지 부업에 불과하죠. 우리가 하는 일이 싫어지거나 힘들면 그만두고 다른 곳으로 이직할 수도 있는데, 지금 당신은 그럴 수가 없네요."

"맞아요. 어머니를 돌보는 건 제게 가장 중요한 일이에요. 제가 돌보지 않으면 돌볼 사람이 없거든요. 가끔 어머니가 간병인에게 화를 내면 어머니가 저를 원하고 있다는 걸 알아요. 그럴 때마다 저는 어머니에게 조금만 마음을 바꿔서 저를 좀 도와주면 좋겠다고 말해요. 저는 외동딸이고, 건강도 그리 좋지 않은 데다가 아직 가정을 꾸리지도 못했어요. 어머니에게는 저라도 있지만, 나중에 제가 늙으면 저는 누구에게, 무엇에 의지해야 할까요? 생각해 보니 저는 아무것도 없어요. 어머니보다 제가 더 불쌍한 신세예요."

라이브 채팅창 안에 짙은 슬픔이 감돌았다. 다른 수강생이 아버지는 어디에 있는지 물었고, 그녀는 아버지와 어머니의 관계가 원래 좋지 않아서 어머니가 병에 걸린 후, 아버지는 가족을 떠났다고 했다. 또 다른 수강생이 어머니를 요양원에 모시는 게 어떠냐고 묻자, 그녀는 단호하게 대답했다.

"저는 그렇게 하고 싶지 않아요. 저는 늘 제가 어머니를 돌본다고 생각했는데, 오늘 보니까 저 자신을 돌보고 있는 거였어요. 저는 사회적 가치가 없으면 버림받을 거라고 생각했어요. 그런데 그건 제 생각이 아니라 아버지의 생각이었어요. 그건 아버지가 어머니를 대하는 태도였죠. 만약 제가 어머니를 포기한다면 아버지의 생각이 옳다는 걸 증명하는 셈이에요. 저는 어머니를 돌보면서, 아버지가 틀렸다는 것을 보여주고 싶어요."

그녀의 단호함에 강력한 힘이 배어있었다. 그리고 그 힘은 그녀가 이미 자신의 선택이 무엇인지 모두에게 보여주었다. 그녀는 자신을 발전시키는 일에 집중하지 않은 것이 아니라 모든 에너지와 집중력을 어머니를 돌보는 일에 쏟아붓느라 자기 계발에 쓸 에너지를 남기지 못했던 것이다.

"저에게 집중하면 마치 어머니를 배신하는 것 같았어요. 사실 저에게 저 자신은 중요하지 않아요. 어머니와 아버지가 모두 돌아가시면, 저도 함께 사라질 수 있겠다는 생각까지 들었어요."

그녀의 말은 라이브에 참여한 사람들의 마음을 울렸다. 모두가 깊이 감동했다.

예전 같았으면 확실한 경계가 있어야 한다고 말했을 텐데, 그때는 차마 그 말을 할 수 없었다. 때로는 너무 빨리 해결책을 주려고 하면 그 사람의 문제를 대수롭지 않게 여기는 모습으로 비칠 수 있다.

나를 위한 마음의 공간을 마련하라

예전에 집단 상담을 하다가 만난 또 다른 여성이 떠올랐다. 적지 않은 나이에 미혼인 여성이었다. 그녀의 부모도 사이가 좋지 않았다. 그녀는 아버지가 사사건건 자신을 너무 통제한다고 불평하면서도 독립할 생각은 없어서 부모님과 함께 살았다.

집단 상담에 참여한 다른 사람들은 그녀에게 독립을 권했다. 아버지에게 그녀는 딸이 아니라 어머니의 대체품이었다. 극단적인 사람들은 '아버지의 내연녀'라고 할 정도였다.

그녀가 격분해서 말했다.

"당신들이 뭐라고 말하는지 제가 모르는 줄 아세요? 제가 떠나고 싶지 않아서 떠나지 않는 줄 아세요? 어쨌든 그는 내 아버지예요! 나는 딸이고요. 그런데 어떻게 쉽게 떠날 수 있겠어요? 아버지는 심장병을 앓고 있는데, 제가 아버지를 돌보지 않으면 누가 돌보겠어요?"

나도 떠나라고 말하고 싶었지만, 그 말은 차마 하지 못하고 그 이면에 있는 갈등과 무력감 그리고 충성심에 관해 이야기했다.

앞서 얘기한 온라인 수업에 참여한 수강생에 대해 누군가는 어머니는 어머니고, 직장은 직장인데, 왜 어머니를 돌보느라 자신의 일을 제대로 하지 못했을까 생각할 수도 있다. 그러나 만약 우리에게 끊을 수 없는 관계나 머릿속을 온통 차지하는 결코 끝낼 수 없는 문제가 있다면 그 마음을 헤아릴 수 있을 것이다.

하지만 나는 그녀에게 '자신에게도 공간을 마련해 두라'고 말했다. 그녀가 그만둘 수 없는 이 일도 언젠가는 끝이 날 것이기 때문이다. 물론 그녀는 끝나기를 바라지 않겠지만, 이후에 다가올 일을 준비해야 한다. 지금 상황에서 이보다 더 나은 답을 줄 수 없다는 게 참으로 유감스럽다.

그런데도 그녀는 나에게 감사하다고 말했다.

"저는 그동안 제가 억지로 하고 있다고 생각했어요. 그런데 교수님 덕분에 이게 제 충성심 때문이라는 걸 알게 되었어요. 그동안 제가 최선을 다해 집중하지 않은 게 아니었어요. 저도 나름의 집중력과 끈기가 있었던 거죠."

이후의 전개는 다소 예상 밖이었다. 그날 이후 그녀는 훨씬 나아졌다.

"이게 제 선택이라면 다른 선택도 한번 해보려고요."

가끔은 억지로 집에 가지 않고, 더 많은 시간을 자신에게 할애하려고 노력하게 되었다고 했다. 물론 어머니도 그녀의 상황을 충분히 받아들였다고 한다.

보이지 않는 충성심은 이제 보이는 충성심이 되었다. 일단 그것을 보면 그녀는 자신과 다른 사람에 대해 더 많이 이해하게 될 것이다.

부모와 자녀의 관계에도
거리가 필요하다

처음 심리 상담을 배울 때, 나는 이 일이 신성하다는 생각으로 온 마음을 다해 헌신하고자 했다. 그러던 어느 날, 지도 교수님이 한 이야기를 들려주었다.

옛날에 마음씨 착한 아주머니가 산책하다가 길고양이를 발견하고 불쌍히 여겨 집으로 데려가 먹이를 주었다. 며칠 후 또 다른 길고양이를 발견했고, 그 고양이도 데려가 돌보기로 했다. 세 번째, 네 번째… 근처에 있는 길고양이들이 전부 그녀의 눈에 들어왔다. 얼마 되지 않아 그녀의 집은 고양이들로 가득 찼고, 삶 전체가 고양이들 기준으로 돌아갔다. 그녀는 자신의 삶이 고양이들 때문에 망가졌다고 생각했지만, 고양이들을 버리기에는 너무 가슴이 아팠다. 결국 그렇게 그녀는 고양이의 노예가 되고 말았다.

교수님이 이 이야기를 들려주신 이유는 아무리 선의에서 비롯된 일이라도 도움을 주는 사람과 도움을 받는 사람 사이에는 반드시 경계가 존재해야 한다는 점을 상기시켜 주기 위해서였다. 우리도 누군가를 도울 때는 우리의 선의가 그 경계를 넘어서 궁극적으로 서로의 관계를 해치지 않도록 주의해야 한다.

경계를 넘지 않아야 관계가 이어진다

심리 상담 분야에서 '경계'라는 말은 매우 중요한 의미가 있다. 이는 서로의 독립성을 인정하고 존중해야 한다는 뜻이다. '나는 내 삶을 책임지고, 너는 네 삶을 책임진다'라는 관점에서 서로의 경계를 쉽게 넘지 말아야 한다. 이는 두 개의 달걀을 한 바구니에 담을 수는 있지만, 각자 껍질이 있어서 다른 달걀과 아무리 가까워지고 싶어도 결코 한 알이 될 수는 없다는 의미다. 달걀이든 관계든 너무 가까우면 쉽게 깨지기 마련이다.

독립은 사실 꽤 외로운 일이다. 이는 우리가 다른 사람을 보호할 수도, 보호받을 수도 없다는 것을 의미한다. 우리는 존재 그 자체와 마주해야 한다. 이 외로움을 극복하기 위해 우리는 가족과 친구들 사이에서 더 친밀한 관계를 만들고, 의도적으로 이러한 경계를 무너뜨리려고 한다.

얼마 전 우울증을 상담하러 온 친구가 있었다. 그녀에게는 오랜 친구가 있는데, 그 친구가 최근 이혼 후 감정적으로 매우 힘들어했다. 병원에서 이미 우울증 진단을 받았고 밤늦게 전화를 걸어 전 남편에 대한 울분을 토하며 한두 시간씩 통화를 이어가곤 했다. 그녀는 친구가 걱정된 나머지 혹시 어떻게든 도와줄 방법이 있을지 물어보러 온 것이었다.

솔직히 말해서 '내 친구가'로 시작하는 질문의 경우 "내 친구가 불안이나 우울증, 강박증이 도울 방법이 있을까?"라는 질문과 혹은 "내 친구가 실연을 당했는데, 바람이 났는데" 같은 질문은 항상 조심스럽다. 그들이 다른 사람의 삶에 너무 깊이 개입하지 않을까 늘 걱정된다. 이건 아마도 상담가의 직업적 본능이 아닐까 싶다.

나는 속으로 '경계를 지켜야 해'라고 계속해서 되새겼다.

그래서 우울증에 관한 몇 가지 정보를 제공하는 것 외에 그녀에게 우리는 다른 사람의 인생을 구할 수 없으니 구원자가 되려고 하지 말고, 그것은 신의 영역이니 신에게 맡기라고 특별히 당부했다.

그리고 길고양이 이야기를 들려주고, 친구와의 관계에서도 처음에는 서로 살뜰히 챙기고 보살피다가 '너는 네 고통을 이해하지 못한다고 나를 탓하고, 나는 내 노력에 고마워하지 않는다고 너를 탓하는' 드라마 같은 일이 벌어지면서 결국 점점 멀어지게 된다는 이야기도 덧붙였다.

마지막으로 우리는 사랑이 부족한 게 아니라 능력이 부족한 것이고, 경계가 있으면 이를 지켜야 하는 것이라고 말해줬다.

그녀는 깊은 한숨을 내쉬었다.

"하지만 그녀에게 친구라고는 저뿐이에요. 어떡하면 좋을까요?"

그 순간 나도 내가 말을 많이 해서 경계를 넘었다는 생각에 한숨이 나왔다.

얼마 후 그녀에게서 전화가 왔다. 이런저런 이야기를 나누다가 자연스럽게 그 친구 이야기를 하게 되었는데, 다행히 잘 해내고 있고 여전히 좋은 관계를 유지하고 있다고 했다.

나는 그녀가 어떤 방법을 선택했는지 궁금해졌다. 처음에는 친구에게 전화가 오면 몇 시간이고 잘 들어줬는데, 너무 반복되다 보니 그녀도 지쳐서 건성으로 "긍정적으로 생각해" "기운 내" "너무 깊이 생각하지 마" 같은 말만 되풀이하다가 전화를 끊었다고 한다. 그러나 친구의 상태는 점점 나빠졌고, 한밤중에 두 번이나 전화해서 죽고 싶다며 울면서 그녀에게 와 달라고 부탁했다. 세 번째 전화가 왔을 때 그녀는 친구 집으로 달려갔다. 친구는 침대에 누워서 울고 있었다.

"저도 같이 울었어요. 그리고 친구가 조금 진정됐을 때, 선생님이 저에게 해주신 말을 해줬어요."

"어떤 말이요?"

"경계와 규칙에 대해서요. 이 상태가 계속되면 우리는 진짜 멀어질지도 모르고, 언젠가 제가 그녀를 떠나게 될 수도 있다고요. 그러니 제가 그녀를 떠나지 않게 해 달라고요. 그러기 위해서는 관계에 약간의 제한이 필요하다고요. 그리고 일주일에 두 번만 전화하고, 통화 시간은 30분을 넘기지 말자고 했어요."

"그 친구가 동의했나요?"

"친구가 한 번 정도는 더 늘릴 수 있냐고 묻더라고요. 뭐, 부담스럽긴 했지만 친구를 위해서 그 정도 대가는 치르기로 했어요."

그녀가 웃으며 말했다.

나는 그녀가 정말 용감하다는 생각이 들었다. 그런 말을 꺼내는 것 자체가 굉장히 어려운 일이다. 그러나 비판의 두려움을 이겨내고 관계의 한계를 인정하는 과정은 꼭 필요하다.

단단히 묶여버린 부모와 자녀의 삶

'더 나은 사람이 되기 전에 먼저 나쁜 사람이 될 필요가 있다'라는 말이 있다. 마찬가지로 지속적인 친밀한 관계를 유지하려면 먼저 독립적으로 분리되는 법을 배워야 한다.

그러나 많은 이들은 어느 정도 의존적인 관계를 유지하는 편을 택한다. 즉 경계가 있다는 사실을 인정하고 싶어 하지 않는다. 어쩌면 인생이 외롭다는 사실을 직시하기 어렵기 때문일지도 모른다. 우리는 다른 사람에게 우리의 운명을 맡길 수 없고, 다른 사람이 그들의 운명을 잘 감당하도록 도울 수도 없다. 우리가 할 수 있는 것은 우리 자신을 잘 돌보고, 다른 사람이 그들 자신을 잘 돌보게 하는 것뿐이다. 경계는 우리를 독립적인 존재로 나누어 놓는다. 때로는 이런 외로움에서 벗어나기 위해 경계를 넘어 다른 사람과 더 친밀한 관계를 형성하고 더 많은 삶의 내용을 공유하려고 하지만, 결국 경계는 객관적인 한계로 존재하고 그것을 존중하지 않으면 오히려 상처로 돌아올 수 있다는 것을 깨닫게 된다. 그래서 나이가 들수록 술 마시고 카드 놀이할 친구는 많아지지만, 마음 터놓고 대화할 친구는 점점 줄어든다고 하나 보다.

친밀한 관계일수록 경계를 인식하고 지키기가 더 어렵다. 가족 관계는 친구보다 더 가깝고 경계가 더 모호하기에 많은 사람이 의존적인 친밀한 관계에서도 경계가 있다는 사실을 인식하지 못한다. 실제로 많은 부부가 경계를 지키지 못해서 관계 안에서 답답함을 느끼다가 결국 멀어지는 경우가 많다.

부모와 자녀의 관계는 더욱 그렇다. 자녀의 인생 초반 몇 년은 부모에게 전적으로 의존하다가 자녀가 성장하면서 점점 경계가 생기기 시작한다. 하지만 본능적으로 우리는 자녀의 일은 부모의 일이고, 부모의 일은 당연히 자녀의 일이라고 생각한다. 자녀가 어릴 때는 부모에게 모든 책임이 있듯이 성인이 된 후에 부모가 순탄치 못한 삶을 살지 못하면 자녀가 그들의 삶을 돕는 것이 당연하다고 여긴다.

이런 고민을 하는 사람들은 생각보다 많다.

다희는 바쁜 일상을 보내면서도 늘 고향에 있는 부모와의 관계가 마음에 걸렸다.

"부모님과 싸운 지 벌써 10년 넘었어요. 관계가 나아지면 저도 마음 편하게 일할 수 있을 텐데 아쉬울 뿐이죠."

영이는 더 넓은 곳으로 가서 꿈을 펼치고 싶지만 혼자 있는 아버지를 돌보기 위해 다시 고향으로 돌아갈 생각을 하고 있다.

"사회에서 치열하게 일하면서 제가 어떻게 살아남을 수 있을지 보고 싶어요. 계속해서 공부도 하고 싶고요. 그런데 아버지에게 제가 필요한데, 어떡해야 할까요?"

채민은 대도시에서 성공적인 커리어를 쌓고 있었지만, 고향으로 돌아가서 집을 마련하고 우울증에 걸린 엄마를 돌봐야 한다고 생각한다.

"이게 제 운명인가 봐요, 받아들일 수밖에 없어요."

이들 가운데 그런 운명을 기꺼이 받아들이는 사람이 있을까? 그렇지 않다. 하지만 자기 일은 자기 일이고, 부모의 일은 부모의 일이라고 경계를 인정하는 사람 역시 거의 없다. 그들이 자라면서 가족들은 사랑이라는 이름으로 계속해서 그들의 삶에 끼어들었기 때문이다. 그때 누군가 부모에게 자녀의 독립성을 존중해야 한다고 말했다면, 부모들은 콧방귀를 낄 것이다.

"애들이 뭘 알겠어요? 다 애네 잘되라고 하는 거죠."

그렇게 부모와 자녀의 삶은 아주 단단히 묶여버렸다. 사랑과 이기심, 자기 필요와 가족의 필요가 뒤섞인 채 가족의 경계는 자연스럽게 흐려졌다. 어느 날, 자녀가 성장해서 새로운 경계를 설정하려 할 때는 이미 경계선을 그을 수 없는 상황이 되어버린다.

그들은 '운명'이라고 말한다. 이 한마디로 그들이 얼마나 큰 무력감을 느끼고 있는지 알 수 있다. 무력감의 한편에서는 산업화 사회에서의 인구 이동이 이루어졌다. 젊은이들은 여기저기 이주하며 자신의 삶을 찾아 헤맨다. 그리고 무력감의 다른 한편에는 수천 년 동안 이어진 가족 중심의 의식과 효를 중시하는 전통문화가 자리 잡았다.

그래서 이들은 한 발짝 물러서면 자신을 희생해야 하고, 한 발짝 앞으로 나아가면 죄책감에 시달린다. 결국 진퇴양난에 빠져 한 발짝도 움직일 수가 없는 것이다.

삶의 주도권을
되찾는 법

부모와의 관계는 얽히고설킨 관계 가운데서도 가장 풀기 어려운 문제다. 더구나 부모에게 지나치게 얽매여 있을수록 다른 관계를 발전시키기는 한층 더 어려워진다.

돌이켜 보면, 얽힘 역시 하나의 연결이기에 우리는 그 관계 속에서 외로움을 덜 수 있으리라는 기대를 품는다. 물론 그 기대는 종종 실망으로 끝난다. 그럼에도 우리는 왜 서로에게 상처를 주면서도 이 관계를 놓지 못할까. 부모에 대한 불만 때문일까? 꼭 그렇지는 않다.

문제는 불만이 아니라, 서로를 놓을 수 없고 포기할 수 없다는 데 있다. 우리는 서로의 기대를 충족시킬 수 없다는 사실을 인정하려 하지 않고, 상대 역시 우리를 만족시킬 수 없다는 현실을 받아들이지 않으려 한다. 그 결과 우리는 상대를 자신이 원하는 모습으로 바꾸려 애쓰고, 그 시도가 실패하면 상대가 우리에게 충분히 협조하지 않았다고 원망한다.

우리는 가능한 한 원가정과 어떤 형태로든 연결을 유지하려고 한다. 원가정은 우리의 뿌리이자 근원이기 때문이다. 우리는 부모가 우리에게 미치는 영향을 결코 과소평가할 수 없다. 정신과 의사이자 작가 어빈 얄롬Irvin David Yalom은 자전적 소설에서 자신이 이미 노년이 되어 명성을 얻고 자녀까지 두었지만, 꿈에서는 여전히 "엄마, 나 잘했어요?"를 외친다고 한다.

관계 회복을 위한 첫걸음, 분리와 독립

어떻게 하면 원가정과 더 나은 관계를 맺을 수 있을까? 우리는 먼저 집을 떠나 자신만의 세상을 찾은 다음 집으로 돌아가, 성숙한 성인의 신분으로 서로를 지지하는 동시에 경계를 존중하는 관계를 유지해야 한다.

그럼 어떻게 집을 떠날 수 있을까? 일반적으로 분리와 독립을 통해 각자의 경계를 설정해야 한다. 그러나 일단 분리되면 외로움을 견뎌야 하고, 우리가 떠남으로써 상대방이 힘들어지는 것도 참아내야 한다. 이는 우리가 오랫동안 지켜온 충성심과 어긋난다. 앞서 언급한 여성 수강생처럼 어머니를 돌보느라 자신의 성장을 위한 여유가 전혀 없는 경우가 그러하다.

어떻게 해야 할까? 아주 고지식한 집안에서 태어난 여성의 이야기가 떠올랐다. 그녀는 한 남자와 사랑에 빠졌는데 가정의 구속을 극복하지 못하고 결국 집안의 결정을 따라 전혀 사랑하지 않는 남자와 결혼했다. 결혼 후 그녀는 아들을 낳았고, 모든 관심을 아들에게 쏟았다. 시간이 흘러 아들이 자라 집을 떠날 때, 아들이 엄마에게 물었다.

"엄마, 제가 떠나면 외로우시겠어요. 제가 떠나고 없으면 누가 엄마를 위로해 드리죠?"

엄마가 대답했다.

"네가 떠나면 나는 외롭고 쓸쓸하겠지. 위로해 줄 사람도 없을 거야. 하지만 내 어려움을 네가 떠나지 못할 이유로 삼고 싶지 않구나."

'나는 내 어려움을 네가 떠나지 못할 이유로 삼지 않겠다'는 다짐은 부모로서 자식을 위해 해야 할 가장 어려운 책무다.

이 이야기는 우리에게 '충성'에 대한 새로운 해석을 제시한다. 우리가 떠나는 것이 인생의 필연적인 과정임을 인정하고, 우리의 성장이 집을 떠나야 이루어진다면, '떠남'을 부추기는 행동 역시 일종의 사랑이 아닐까? 이는 우리의 충성을 배반하는 것이 아니라, 오히려 더 어려운 충성을 이뤄내는 것일지도 모른다.

제가 사랑하는 이에 대한
부모의 편견을
감당할 수 없어요

제가 어렸을 때부터 부모님은 계속 싸우셨어요. 어머니가 워낙 무뚝뚝하고 직설적으로 말씀하시다 보니 의도치 않게 상대방에게 상처를 주는 경우가 많았어요. 아버지는 그 상처가 너무 깊으셨는지 항상 말이 없고 차가운 태도로 일관하셨어요. 지금은 두 분 다 나이가 들어서 관계가 좋아졌지만, 제 안에 남겨진 그늘은 사라지지 않네요. 집에 있을 때는 늘 우울하고 무기력하고, 어디로 떠나고만 싶어요. 가족 간에 친밀감도 전혀 없고요. 두 분의 의사소통 방식이 서로 다르다 보니 몇 번의 이혼 위기가 있었지만, 주변의 만류로 결국 이혼은 하지 않고 지금까지 결혼 생활을 이어가고 있습니다. 그렇지만 사랑이나 이해는 전혀 찾아볼 수 없습니다. 어머니는 아버지께 얻지 못한 만족감을 저에게서 채우려는 경향이 있어서 모든 희망을 저에게 걸고 계신데, 생각만 해도 너무 무섭고 숨이 막혀요. 작년부터 저는 프랑스에서 유학 중입니다. 여기서 우연히 저를 잘 이해하고 지지해 주는, 너무나도 착한 사람을 만났어요. 저희는 마치 10년쯤 알고 지낸 사람처럼 친밀한데도 독립적인 좋은 관계를 유지하고 있어요. 성격이나 취향, 생활 습관까지도 잘 맞고 무엇보다 정말 마음이 잘 통했어요. 그는 거리를 걷다가도 시각장애인을 돕고, 유모차를 옮기는 것을 도와주는 등 다른 사람들에게 매우 친절해요. 저는 성장 환경과 경험 때문에 지나치게 신중하고 조심스러운 면이 있지만 동시에 사람을 알아보는 뛰어난 통찰력과 판단력을 갖게 되었죠. 그의 다양한 모습을 세세하게 관찰하면서 괜찮은 사람이라는 걸 알았고, 함께 살고 싶어졌어요.

하지만 가족들은 피부색도 다르고 인종이 다른 그를 달가워하지 않았어요. 제가 중학교 때부터 흑인들을 좋아했다는 사실을 일부러 무시했어요. 저는 흑인들이 단지 음악이나 스포츠에서만 뛰어난 것이 아니라, 그들의 문화와 자연을 사랑하는 마음, 자신이 속한 곳에 대한 명확한 인식 그리고 유머러스한 성격 등 많은 매력을 지녔다고 생각해요. 그들에게 노예 생활의 역사가 있다고 해도 그들의 가치를 과소평가해서는 안 된다고 생각해요.

저는 그를 진심으로 사랑했기 때문에 어머니에게 슬쩍 흑인 남자친구가 있다고 이야기했어요. 그러자 어머니는 울면서 자기는 흑인이 싫다며 혐오스럽다고 말했어요. 주변 사람들이 저를 어떻게 볼지 걱정했고, "내가 너를 그렇게 개방적으로 키운 것도 아닌데, 대체

왜 그러니?"라고 말하며 마치 저를 외계인 취급을 하셨어요. 어머니
는 "흑인 남자랑 결혼하라고 내가 너를 이렇게 키운 건 아니야"라면
서요.

이런 도덕적 압박과 가족 특유의 통제력은 저를 숨 막히게 했어요.
엄마는 남자친구가 준 선물을 버리라고 했고, 만약 계속 사귄다면
저와의 관계를 끊겠다고까지 위협했어요. 그날 저는 새벽 네 시까지
울었어요. 아무리 생각해도 정말 해결할 방법이 없을 것 같았어요.
저는 그를 잃고 싶지 않았지만, 만약 우리가 함께 지내면 결국 몰래
연애해야 하고, 그에게 어떤 약속도 할 수 없을 것 같았어요. 저 자
신이 너무 이기적인 건 아닌지, 차라리 일찍 끝내는 게 더 나을지 고
민했어요. 하지만 마음 한편에서는 단지 피부색이 다르다는 이유로
가족이 나의 사랑할 권리를 빼앗으려 한다는 것이 너무 불공평하
다는 생각이 들었어요. 저는 제가 무엇을 원하는지 분명히 알았어
요. 어려운 건 선택 그 자체가 아니라, 선택 후에 감당해야 할 것들
이죠.

지금 우리는 여전히 잘 만나면서, 매우 행복한 시간을 보내고 있어
요. 이미 서로에게 너무 소중한 존재가 되었어요. 하지만 어머니와
대화할 때마다 여전히 마음이 불편해요. 저는 인종 차별은 잘못된
것이라고 말하려 하지만, 사회적 분위기를 무시할 수는 없잖아요.
아무리 마음이 단단해도 결국 사람들의 시선을 의식하게 되고, 주
변의 평가가 신경 쓰이기 마련이에요. 그를 보호하려면 가족에게 상
처를 주어야 하고, 가족을 지키려면 자신을 포기하고 그에게 상처

를 주어야 해요. 어느 쪽도 쉽게 선택할 수가 없어서 너무 혼란스럽고 무력함을 느낍니다.

가족은 저의 약점이자 굴레입니다. 그들은 저에게 많은 것을 주었지만, 사랑하는 방법을 가르쳐주지는 않았습니다. 선생님의 의견이 궁금합니다.

심리 솔루션

감정적 독립엔 인정과 허락이 필요 없다

저는 부모의 불화가 있는 가정에서 자란 내담자들을 종종 만나곤 합니다. 그러면서 부모의 갈등이 자녀에게 어떤 영향을 미치는지 생각하게 되었습니다. 어쩌면 자녀에게 그리 아름답지 않은 사랑의 본보기가 될 수도 있고, 친밀한 관계에 대한 두려움과 의심을 심어줄 수도 있습니다. 하지만 더 일반적인 문제는 이러한 아이들이 오히려 집을 떠나기가 더 어렵다는 것입니다.

인간은 감정적인 지지가 필요합니다. 우리가 살아가는 원동력이 되어주기 때문이죠. 한 여성이 아내로서 남편으로부터 감정적 지지를 얻지 못하면, 어머니의 역할을 강화하여 자녀에게서 감정적 지지를 얻으려고 합니다. 그렇다고 해서 아이에게 무조건 잘해준다는 뜻이 아니라, 더 많은 통제를 하게 된다는 의미입니다.

당신이 말한 '가정에서 충족되지 못한 기대를 나에게 쏟아붓는 것 같다'라는 말이 바로 이를 뜻합니다.

아이가 커서 성인이 되면, 어머니와 당신 사이의 과도한 감정적 연결이 위기를 맞습니다. 어머니는 인정하지 않겠지만 실제로 당신이 성장하고 연애하고 결혼하고 집을 떠나는 것을 원하지 않습니다. 비록 어머니가 당신이 결혼할 것이라는 사실을 받아들인다 하더라도, 사위가 될 사람도 그녀가 선택해야 하고, 언젠가 당신과 함께 살면서 아이를 돌봐주길 바랄 것입니다. 이런 식으로 어머니의 생각 속에서는 당신이 결혼하고 집을 떠나는 것이 아니라, 그저 사위가 생겼을 뿐 여전히 집에 있는 것처럼 여깁니다.

이런 관계는 당신에게 혼란을 불러일으킵니다. 한편으로는 당신이 성장하고, 외부 세계와 맞서기 위한 독립된 공간이 필요하지만, 다른 한편으로는 어머니를 쉽게 놓을 수도 없는 일이니까요. 결국 당신은 어머니의 유일한 감정적 지지대여서 그녀의 기분이 나쁘면 당신도 기분이 나빠집니다.

이제 프랑스로 가서 어머니가 절대 선택하지 않을 남자친구를 만났습니다. 자기만의 삶을 위한 공간을 확보하는 것이죠. 아주 좋은 시도입니다. 하지만 조금 더 치열하고 완벽하게 쟁취해야 합니다. 지금 몸이 떨어져 있는 거리만큼 당신의 마음도 그렇게 멀어질 수 있을까요?

제 생각에 어머니는 잘못한 것이 없고, 굳이 따지자면 당신에게 잘못이 있습니다. 당신의 잘못은 어머니가 인정하지 않을 남자친구를 만난 것이 아니라, 그 남자친구를 만났는데도 어머니의 인정을 받으려 한다는 점입니다.

어머니는 '말 잘 듣고 착한' 딸을 기대하고 있었고, 당신은 그 기대를 한순간에 실망으로 바꾼 셈입니다.

만약 당신이 아이였다면 당연히 관계에 있어서 어머니의 책임이 더 크다고 말했을 것입니다. 하지만 이제 당신은 더 이상 아이가 아닙니다. 너무 친밀한 관계가 당신에게 방해가 된다고 느낀다면 어머니의 동의를 얻으려 하지 말고 스스로 자신의 삶을 위한 결정을 내릴 수 있어야 합니다.

혁명은 식사 초대가 아닙니다. 가정에서의 독립은 혁명만큼이나 어렵습니다. 이건 예의 바르고 사랑한다고 해결할 수 있는 문제가 아닙니다. 독립은 타인의 허락, 특히 어머니의 허락이 필요하지 않습니다. 당신이 이미 결심이 섰고 어머니의 눈물을 마주할 준비가 되었다면 그때 전략에 대해 논의할 수 있습니다.

전략은 매우 간단합니다. '어머니 말을 듣되, 자기 할 일을 하라'와 '남자친구에게 기대고 어머니에게 의지하지 마라'입니다. 더는 남자친구 문제를 어머니와 상의할 필요가 없습니다. 어머니의 말을 다 듣되 의견을 표현하지 마세요. 아직 경제적으로 독립하지 않았다면, 빨리 독립할 방법을 찾도록 하세요. 그리고 어머니에게 화를 내지 마세요. 그렇지만 무조건 순종할 필요는 없습니다. 자신이 선택한 사랑에 대해 신중하게 생각해 보고, 어머니에게 반항하기 위해서 감정적으로 결혼을 결정하지 마세요. 그러면 그 결혼은 여전히 어머니를 위한 결혼이 될 테니까요.

자신의 사랑에 대해 확신이 있다면 남자친구에게 앞으로 두 사람이 겪게 될 어려움에 관해 이야기하고 그가 기꺼이 받아들인다면 결혼하세요. 어머니에게는 적당한 때를 봐서 알려드리면 됩니다. 어머니가 실망할까 봐 걱정되겠지만 어쩔 수 없습니다. 어머니는 분명히 실망하실 거예요. 하지만 어머니의 실망을 계속 신경 쓰다 보면 또다시 이해와 인정을 바라게 될 것이고, 그러면 사랑과 원망 사이에서 갈등하다가 결국 어머니에게서 벗어날 수 없는 지경에 이릅니다.

어머니에게도 당신과 마찬가지로 그녀가 오롯이 직면해야 할 어려움이 있습니다. 당신은 어머니의 문제를 해결할 수 없으니, 마찬가지로 어머니가 당신의 문제를 해결해 주기를 기대하지 마세요. 이 문제는 흑인과의 결혼을 허락하지 않는 어머니와 관련되어 있습니다. 이것은 당신이 스스로 마주해야 할 문제입니다.

아마도 더는 의지할 사람이 없을 때, 어머니는 남편에게 의지하는 법을 배우게 될 것입니다. 마찬가지로 당신도 더 이상 어머니에게 의지할 수 없을 때, 결국은 남자친구에게 의지하게 될 것입니다.

당신의 독립을 응원합니다!

부모에게
아무런 감정을
느낄 수 없습니다

언제부터인지 모르겠지만 저는 부모님을 사랑하는 능력을 잃어버렸습니다. 고등학교 때부터 혼자 유학 생활을 시작했는데, 그 당시 주변의 많은 친구가 향수병으로 힘들어했습니다. 심지어 여학생 중에는 밤마다 우는 친구도 있었습니다. 그런데도 저는 꼬박 10년이란 시간을 혼자 지내면서 집이 주는 따뜻함을 한 번도 떠올려 본 적이 없습니다.

우리 가족은 서로에게 상처를 준 적도 없고 감정적 유대감이 아예 없는 것도 아닙니다. 어릴 적부터 저는 부모님의 과잉보호 속에서 자랐기 때문에 개인적으로 많은 어려움을 직접 겪을 필요가 없었습니다. 상대적으로 안정적인 가정처럼 보였지만, 그 속에서 자란 저는 충분한 안정감을 느끼지 못했습니다.

부모님의 과도한 관심이 너무 부담스러웠습니다. 부모님이 저를 도와주시려 할 때마다 받는 스트레스가 컸습니다. 저는 부모님께 걱정을 끼치는 것이 두렵거나 스스로 자립하지 못하는 것이 부끄럽지 않았는데도 열정 넘치는 낯선 사람을 대할 때처럼 불편하고 어색함이 느껴져 그저 피하고 싶었습니다.

최근 몇 년 동안 저는 부모님과의 관계에서 배우지 못한 것들을 배우려고 필사적으로 노력했습니다. 예를 들어 스스로 책임지는 의식, 타인을 신뢰하는 능력, 정서적 압박이나 이익 추구가 아닌 개인적인 매력으로 타인을 이끄는 능력 등을 배웠습니다. 동료와 친구들의 평가에 따르면 그런대로 꽤 잘 해내고 있는 것 같습니다. 하지만 이러한 상태를 유지하는 것은 육체적, 정신적으로 지치는 일입니다. 어쩌면 과거 우리 가족의 패턴처럼 다른 사람의 일에 지나치게 신경 쓰고 걱정하고, 자신의 심리적 균형을 이루기 위해 다양한 수단으로 다른 사람을 통제하려는 사람이 되는 것이 오히려 쉬울 수 있습니다.

저는 여자친구와도 비슷한 문제를 겪었습니다. 항상 곁에서 그녀를 지키고 싶고, 심지어 구해주고 싶은데 어쩌면 이 마음은 저를 지키고 구하고 싶은 마음이 반영된 것일지도 모르겠습니다. 저는 부모님이 저에게 보여준 감정 패턴을 그대로 이어가고 있는 것 같아요. 어떻게든 자신을 포기하고 다른 사람에게 감정을 쏟아부어야 안심할 수 있습니다.

이 감정 패턴이 저를 불안하게 만듭니다. 부모님과 같은 사람이 될까 봐 두렵고, 제가 지금 부모님을 완전히 떠나고 싶어 하는 것처럼 사랑하는 사람이 저를 떠날까 봐 걱정됩니다.

이 글을 쓰면서 저는 부모님에 대한 감정적 거부를 정당화하려고 애쓰는 것 같다는 생각이 듭니다. 이에 대해서도 깊은 죄책감을 느낍니다. 수많은 손가락이 저를 가리키고 있는 듯합니다.

"네 친부모잖아! 그들이 무슨 잘못을 했지? 평생을 고생한 결과가 이런 불효로 돌아오다니!"

그래서 여쭙고 싶습니다. 25세밖에 안 되었는데도 여전히 부모에 대한 어떤 감정조차 남아있지 않다면 부모와 자식 간의 관계를 다시 회복할 기회가 있을까요? 저는 이 문제로 너무 시달렸기 때문에 '없다'라는 답을 가장 기대하지만 그건 어디까지나 제 생각일 뿐이니까요. 저에게 큰 깨달음을 주실 거라고 믿습니다.

심리 솔루션
부모에게 바라던 사랑으로 자신을 사랑하라

자신의 심리에 관해 정확히 아는 경우가 드뭅니다. 그런데 편지에서 부모와의 관계, 자신의 감정 그리고 연인과의 관계에 대한 통찰력이 느껴집니다. 저는 이러한 통찰력은 당신이 배우고 있는 심리학 지식에서 비롯된 부분도 있고, 자기 성찰에서 오는 부분도 있다고 생각합니다. 당신은 계속해서 자기 성찰을 통해 가족의 영향에서 벗어나려고 노력하고 있습니다.

지난 몇 년 동안 '가정의 따뜻함'을 한 번도 떠올리지 않았다고 하면서도 그동안 '가정의 문제'는 수없이 떠올렸을 것입니다. 특히 외로움에 사무치는 밤에는 더 많이 떠올렸을지도 모릅니다. 부모님의 '과도한 관심'에서 벗어나고 싶다고 했는데 그들이 너무 많이 주었다고 말하는 것 같지만 사실은 너무 적게 주었다고 말하는 것입니다. 그들의 헌신에는 수많은 '통제와 조종'이 숨어있었고, 당신이 실제로 원했던 '안정감' '친밀감' '사랑'은 부족했습니다.

우리는 사랑이라는 이름으로 이루어지는 통제를 경계하지만, 통제 이면에 있는 사랑과 친밀감에 대한 갈망을 놓치기도 합니다. 저는 '통제'가 당신을 부모님과 멀어지게 했다고 생각하지 않습니다. 오히려 당신이 멀어졌기 때문에 부모님이 두려움을 느꼈고, '통제'라는 방법을 써서라도 거리를 좁히려고 한 것입니다.

부모님은 '자식에게 자신들이 필요하다'라는 느낌을 원했기 때문에 항상 자신을 희생하는 방식으로 당신에게 더 많은 것을 주려고 하셨을 것입니다. 하지만 그들은 당신에게 정말로 필요한 것이 무엇인지 몰랐으니, 얼마나 슬픈 일인가요.

당신과 부모님은 서로가 더 친밀해지기를 원했을 것입니다. 다만 이런 친밀함은 단순히 원한다고 해서 생기는 것이 아닙니다. 부모님이 '도움을 주려고 할 때' 당신이 '열정적인 낯선 사람을 대하는 것처럼 어색하고 불편하다'라고 느꼈다면 꽤 오랫동안 그로 인해 고통을 겪었을 거라고 감히 추측할 수 있습니다.

하지만 이는 당신의 잘못이 아닙니다. 감정적 유대에서 독립하든, 부모님의 쓸데없는 관심에 반응하지 않든, 그것은 당신의 잘못이 아닙니다. 그저 사실일 뿐이며, 당신은 죄책감을 느낄 필요가 없습니다. 죄책감에서는 사랑이 발전하지 않습니다. 당신이 가족을 버겁고 피곤하다고만 생각하면 결코 가족을 사랑할 수 없을 것입니다.

한번은 부모님에 관한 문제로 고민하는 독자의 편지를 받은 적이 있습니다. 그녀는 부모님의 문제를 나열한 후 이런 결론을 내렸습니다.

"부모님을 남처럼 대하고 매일 선택적으로 기억을 지웠습니다. 부모님께 기대했던 반응과 제 기대를 내려놓고 나니 비로소 가족 관계가 조금씩 따뜻해지기 시작했습니다. 비록 부모님은 여전히 자신들의 화풀이와 가치관 주입을 인정하지 않지만, 기대를 버린 이후로 내 마음의 어두운 감정은 훨씬 줄어들었습니다. 그들은 내가 이 세상에 태어나게 해준 친부모이지만, 내면의 지혜를 일깨워 준 양육자는 바로 나 자신입니다. 세상 만물이 나의 스승이 될 수 있고, 친구와 책도 교제의 대상이 될 수 있는데, 저는 이 모든 것을 부모님에게 기대했던 것이지요. 날개가 단단해졌다면 이제 날아가면 됩니다. 괜히 시간을 낭비하다가는 오히려 수렁에 빠질 수 있습니다. 이제 마음이 조금 편안해졌습니다."

그 편지에서 원망하는 부분을 빼면 그녀가 제안하는 관점은 매우 유용합니다. 부모님에 대한 기대를 버리고 처음부터 다시 관계를 시작하면서 스스로 자신의 양육자가 되는 방법을 선택했습니다. 스스로 양육자가 된다는 것이 사실 다른 말로 '독립'입니다. 물질적으로 뿐만 아니라 정신적으로도 독립해야 부모와의 애증 관계에서 해방 될 수 있습니다. 그때 우리는 부모와의 관계를 객관적으로 바라볼 수 있고 집안의 따뜻함을 다시금 되찾을 수 있을 것입니다.

스스로 자신의 양육자가 되세요. 당신이 부모님에게서 기대했던 방식으로 자신을 사랑하세요. 물론 이것은 쉽지 않을 것입니다. 하 지만 부모가 되는 것 자체도 쉬운 일은 아니니까요. 만약 당신이 힘 들다고 느낀다면, 이 어려움을 부모가 되는 고된 과정이라고 생각해 보는 것도 나쁘지 않을 것입니다.

엄마가
너무 안쓰럽지만
원망스러워요

어제 선생님의 '내면의 결핍과 불안을 어떻게 극복할 것인가'에 대한 강의를 들었습니다. 새로운 사실을 많이 배웠습니다. 저는 물질도 부족하고 사랑과 안정감, 지식도 결핍된 사람입니다. 이런 결핍과 불안 상태에 자주 노출되는데 정작 잘 인식하지 못할 때가 많습니다. 그런데 제가 편지를 쓰는 이유는 또 다른 문제인 어머니와의 관계에 관해 이야기하고 싶어서입니다.

저는 제가 처음 느꼈던 불안과 결핍이 어머니에게서 비롯되었다는 사실을 알게 되었습니다. 어린 시절, 어머니의 가정은 매우 가난해서 학교도 제대로 다니지 못하셨고, 결혼 후에도 존재감은 물론 발언권조차 없었습니다. 어렸을 때부터 저는 어머니가 아버지나 할아버지, 할머니에 대해 불평하는 것을 들었던 기억이 납니다. 대부분 좋지 않은 이야기였고 가끔 그런 말들 때문에 아버지가 어머니를 때리기도 했습니다. 어머니는 가정 내 피해자였지만, 동시에 가해자이기도 했습니다. 말로 저를 공격했거든요. 어머니는 늘 저를 바보라고 불렀는데, 그러다 보니 진짜 바보가 된 것 같았어요. 그래서 지금 저는 자존감도 낮고 내성적이며 예민한 편입니다.

우리 집은 가난했어요. 먹고살기가 정말 힘들었고, 어떤 일도 만족스러운 적이 한 번도 없었습니다. 어머니는 항상 아버지가 무능하고 저를 사랑하지 않으며, 만약 남동생이 없었다면 제 상황은 더 나빴을 거라고 말씀하셨습니다(우리 집은 남아선호 사상이 강합니다). 때로는 그런 환경을 마주할 생각에 겁이 나서 집에 돌아가고 싶지 않은 적도 많았습니다. 저는 늘 따뜻한 가정을 갈망했지만, 집에서는 그런 따뜻함을 느껴보지 못했습니다.

저는 어머니가 싫습니다. 재미없고 소심하고, 이기적이고 냉담하며, 근시안적이고 항상 다른 사람과 비교하며, 마치 행복과 즐거움을 느낄 수 있는 능력이 없는 사람처럼 보였습니다. 어머니는 저에게 우울하고 지루하고 억압적인 이미지만 남겨줬어요. 긍정적이고 낙관적인 이미지는 전혀 찾아볼 수가 없었습니다. 사실 어머니는 실행력도 강하고 적극적이며, 돈을 벌기 위해 열심히 노력하고 있습니다. 아무래도 저는 그녀의 불평만 받아들인 것 같습니다.

이제 저는 점점 어머니를 닮아가는 것 같아요. 저는 이런 생각과 계속 싸우자니, 내면의 소모가 정말 심합니다. 가끔 어머니 말이 다 맞는 것 같아서 더욱 갈등을 느끼고 고통스럽습니다. 약간 우울하기도 하고요. 아무래도 제 동기 부여 시스템과 에너지 시스템이 고장 난 것 같습니다. 특히 안개가 자욱한 겨울에 더욱 사무칩니다. 가끔은 어머니가 너무 불쌍하게 느껴지기도 해요. 평생 자기 마음 속 감옥에 갇혀 평온과 행복을 전혀 누리지 못했으니까요.

그런데 제가 어머니를 미워한다니, 그때마다 밀려오는 죄책감을 어떻게 처리해야 할지 모르겠습니다. 어머니가 저를 사랑한다는 걸 알거든요. 저를 낳고 길러 대학까지 보내주고, 모든 것을 저와 남동생을 위해 희생했습니다. 어머니는 물질적인 즐거움을 한 번도 누려 본 적이 없어요. 어머니는 항상 다른 사람을 위해 살아왔고, 자신을 돌본 적이 없습니다. 그런 어머니에게 마땅히 감사해야 하는데, 어떻게 원망할 수 있을까요? 저는 어머니가 너무 안쓰럽지만 원망스럽습니다.

이런 제 마음이 정상인가요? 저는 어떻게 해야 이 모순된 심리에서 벗어날 수 있을까요? 어떻게 이 생각을 바꿀 수 있을까요? 진심 어린 답변을 기다립니다. 감사합니다.

부모와 자신의 감정을 분리하라

겨울에 편지를 받았습니다. 일반적으로 설 연휴 전후로 생기는 가족 문제가 더 무겁게 느껴지는 것 같아요. 이제 봄이 오고 꽃도 피고 날씨도 따뜻해졌는데, 지금은 어떻게 지내나요? 마음이 좀 나아졌기를 바랍니다.

우리의 결핍과 불안의 이유를 찾자면 원가정을 언급하지 않을 수 없습니다. 역시 어머니로부터 불안이 비롯되었다고 하셨지요. 어머니가 '재미없고 소심하고, 이기적이고 냉정하며, 근시안적'이고 당신에게 늘 '바보'라고 부르셨다고요. 저는 그것이 사실일 수 있다고 생각합니다. 하지만 그런 불안은 단순히 어머니가 당신을 바보라고 불렀던 말 한마디에서 비롯된 것만은 아닐 겁니다.

제가 상담하면서 만난 여러 가정의 사례를 보면, 아버지는 사업 때문에 자주 집을 비우고, 어머니가 혼자 아이들을 돌보며 가사를 책임지는 가정에서 불만과 불안이 생기는 경우가 많았습니다. 그런 상황에서 아이들은 불안을 느끼고 자존감이 낮아지며 학교에 가기를 꺼립니다.

이런 가정 내 갈등을 보면 독특한 양상을 보입니다. 어머니는 아버지에게 아이를 가리키며 "당신 자식 좀 봐봐!"라고 말합니다.

'당신 자식'이라는 말에는 두 가지 의미가 있는데, 하나는 '자녀가 문제아'라는 의미와 다른 하나는 '이 문제는 당신 탓'이라는 이중적인 의미를 내포하고 있습니다.

이 말을 들은 아버지는 아이에게 화를 내며 "너 왜 이렇게 말을 안 들어!"라고 다그칩니다. 심지어 화가 나서 아이를 때리기도 하죠.

이 반응에도 두 가지 의미가 있습니다. 하나는 '이건 내 잘못이 아니다'라는 의미와 '네가 내 잘못이라고 한다면, 내가 이 문제를 해결할 테니 네가 얼마나 마음이 아플지 보자'라는 의미가 담겼습니다.

겉으로는 두 사람 모두 아이를 혼내는 것처럼 보이지만, 실제로 어머니는 아이를 통해 아버지에게 불만을 드러내는 것입니다.

"당신은 왜 가정을 돌보지 않고, 아이를 돌보지 않는 거지?"

그리고 아버지는 아이를 통해 어머니에게 반박하는 것이죠.

"나도 힘들어! 그러는 당신은 아이를 왜 이렇게 키웠는데?"

죄 없는 아이만 중간에 끼어 어떻게 해야 할지 몰라 괴롭습니다.

그들은 왜 직접 상대방에게 표현하지 못할까요? 직접적인 표현 방식에 익숙하지 않아서일 수도 있는데, 어차피 갈등은 훨씬 더 직접적이고 강렬합니다. 그래서 아이를 완충 장치로 사용하여 아이의 문제로 자신의 문제를 감추는 것이죠. 그렇게 해서 아이는 독특한 감정의 통로가 됩니다. 때로는 이러한 방식의 의사소통을 지속하기 위해 아이의 문제를 만들어내거나 유지하기도 합니다. 아이도 자신을 문제아로 만들면서 부모에게 협조하게 됩니다.

하지만 아이는 어머니의 분노와 비난이 아버지를 향한 것인지, 자신을 향한 것인지 구분할 수 없어서 어머니가 화를 내는 건 무조건 자신이 잘못했기 때문이라고 생각합니다. 자신을 바보라고 부르는 말을 계속 들으면, 아이는 스스로를 정말 바보라고 믿게 되죠.

당신의 가정에도 이와 유사한 사례가 있을 것으로 생각합니다. 만약 가정이 전쟁터가 된다면 대개 약한 쪽은 동맹이 필요합니다. 어머니는 시댁에서 발언권이 없으니, 당신을 자기편으로 삼으려 했던 것이죠. 그래서 어머니는 아버지가 무능하고 당신을 사랑하지 않는다고 강조한 것입니다. 반대로 아버지는 당신을 어머니 편으로 간주하고 점점 거리를 두게 됩니다. 물론 당신이 원한 건 이런 그림이 아니었겠지만요.

우리는 흔히 마음의 결핍과 불안이 가난 때문에 생겼다고 생각합니다. 그러나 이런 갈등과 비교하면 가난은 정말 아무것도 아닙니다. 모든 결핍의 근본 원인은 결국 사랑의 결핍에 있습니다. 가난보다 더 나쁜 것은 부모의 싸움이고, 부모의 싸움보다 더 나쁜 것은 자녀를 싸움의 도구로 이용하는 부모입니다.

그렇다면 우리는 어떡해야 할까요? 가장 중요한 것은 부모가 당신을 통해 표현하려는 감정과 당신 자신의 감정을 분리하는 것입니다. 부모가 당신을 부정할 때, 그것이 서로에 대한 부정인지, 자기 삶에 대한 실망인지, 아니면 진짜 당신에 대한 실망인지를 구분할 수 있나요?

이것을 명확하게 구분하려면 부모와 분리되어야 합니다. 먼저 어머니와 분리하세요. 죄책감이 들더라도, 당신만의 새로운 삶을 찾아야 합니다. 당신은 이제 어린 시절의 무력한 아이가 아니라, 다 큰 성인이니까 자신의 길을 찾을 기회가 있습니다. 어머니는 걱정하지 마세요. 그녀 또한 결혼 생활 속에서 스스로 해결책을 찾을 겁니다. 어머니는 열심히 돈을 벌려고 노력할 것입니다. 수년 동안 이 결혼 생활을 버텨왔기 때문에 죄책감을 느낄 필요가 없습니다. 어머니와의 동맹 관계가 깨졌을지를 걱정할 필요 없습니다. 애초에 이 싸움은 당신의 것이 아니었으니까요.

♥ 지금 당장 따라 해보기

1 부모님께 편지 쓰기

부모와 자녀 사이에는 사랑과 증오처럼 복잡한 감정이 존재한다. 부모와 자녀 간의 원활하지 않은 소통으로 인해 이러한 감정이 장기간 쌓이면 결국 의사소통을 방해하는 응어리가 될 수 있다. 만약 당신도 쌓인 감정이 있다면 시도해 보길 바란다.

① 아버지나 어머니에게 편지를 써보자. 이 편지에는 부모에 대한 당신의 진솔한 감정을 담아보자. 분노와 불만, 감사, 사랑 등 부모에게 전하고 싶은 모든 마음을 적어보자. 편지를 다 쓴 뒤, 그 편지를 큰 소리로 읽어보자.

② 아버지나 어머니의 입장이 되어 답장을 써보자. 그리고 큰 소리로 읽어보자.

③ 이 편지는 실제로 보내지 않아도 괜찮다. 소중하게 보관해 두고, 필요할 때 꺼내서 읽어보자.

2 다른 사람과의 연락 내용 기록하기

매일 밤, 잠자리에 들기 전에 오늘 나눈 가장 긴 교제의 순간을 세 가지 생각해 보자. 그 세 가지 상호 작용 동안 상대방과의 친밀감과 유대감을 얼마나 느꼈는지 기록해 보자. 1점부터 10점까지 점수를 매기고, 8주 동안 기록해 보자(매우 강한 친밀감을 느꼈다면 10점, 전혀 느끼지 못했다면

1점을 준다).
그리고 다른 사람들과의 관계를 강화하기 위해 무엇을 할 수 있는지 생각해 보자.

3 자애 명상

조용한 장소로 가서 편안한 상태로 앉아 보자. 천천히 깊게 숨을 들이마시고 내쉬며, 마음을 가라앉히자. 부드럽게 눈을 감고 진정될 때까지 심호흡을 계속한다. 오른손을 천천히 가슴에 얹고, 심장 박동을 느껴보자. 우리를 따뜻하게 대해주는 사람을 떠올려보자. 그 사람은 부모일 수도 있고 연인이나 자녀, 친구일 수도 있다. 누군가의 미소 짓는 얼굴이 떠오르면 그 사람과 관련한 아름다운 기억을 떠올려보자. 그의 심장 박동을 느끼듯, 자신의 심장 박동을 느껴보자. 그 사람이 주는 관심과 사랑을 조용히 묵상하며 느껴보자.

"그가 평안하고 건강하기를 바란다. 그가 행복하고 기쁘기를 바란다. 그가 마음의 평화를 누리기를 바란다. 그가 생기 넘치기를 바란다."

당신의 속도에 맞춰 이 문구들을 확장해 보자. 매번 한 문장씩 마음속으로 되뇌며, 그 아름다운 소망이 빛이 되어 그 사람에게 스며드는 것을 상상해 보자.
이 축복을 그 사람에서 또 다른 사람으로 옮겨보자. 그리고 점차 가족과 친구 전체로 확장해 보자. 당신과 그들 사이의 유대감을 느껴보자.
명상이 끝나면 이 따스함을 음미하고 마음속에 잘 간직해 두자. 그리고 언제든 원할 때, 이 자애롭고 따뜻한 느낌을 다시 불러올 수 있다는 것을 스스로 떠올리자.

♥ 당신에게 하고 싶은 질문

1 부모님이 당신을 정말 사랑한다고 느꼈던 순간은 언제인가?

2 당신이 기분이 좋지 않을 때, 가장 먼저 알아차리는 사람은 누구인가?

3 언제 외로움을 느끼는가?

4 인생에서 어떤 사람들의 존재에 감사하는가?

5 가장 따뜻한 추억을 떠올리게 하는 사진은 무엇인가?

♥ 스스로에게 던지는 질문

1 만약 내가 부모가 된다면, 부모님보다 내가 더 잘할 수 있는 부분은 무엇일까?

2 만약 내가 결혼한다면, 부모님보다 내가 더 잘할 수 있는 부분은 무엇일까?

3 나의 배우자는 나에게 어떤 새로운 경험을 하게 해줄까? 원가정의 경험을 대체할 수 있는 새로운 경험이 있는가?

4 언제 내가 필요한 존재라고 느끼는가?

5 만약 축복의 메시지를 적은 카드를 써야 한다면, 어떤 내용을 누구에게 보낼까?

3장

변화는 받아들임에서
시작된다

우리가 먼저 먼지를 일으키고는 볼 수 없다고 불평하는 것과 같다.

— 조지 버클리(George Buckley)

창의성이 없는 두뇌로도 잘못된 답안을 찾아낼 수 있지만, 창의
성이 있는 두뇌만이 잘못된 문제까지 찾아낼 수 있다.

— 앤서니 제이(Anthony Jay)

두려워하기보다는 포용하십시오.

— 쿠퍼 에덴스(Cooper Edens)

우리의 인생 문제도
기계처럼 고칠 수 있을까?

우리 아버지는 어선에서 기관사로 일하셨다. 어선에서 기관사는 고도의 기술이 필요한 직종으로, 기관실의 장비들이 정상적으로 작동하는지 점검하고 책임지는 역할이다. 어선이 긴 항해를 마치고 항구로 돌아오면 아버지는 항상 피스톤을 교체하고, 벨트를 조이고, 기어를 조정하는 등 배를 수리하느라 바쁘셨다. 게다가 우리 집에 있는 전등이나 변기, 선풍기가 고장 나도 아버지가 직접 분해해서 고치셨다.

아버지는 늘 말씀하셨다.

"이 세상에 고치지 못할 것은 없다. 뭐든 고장 나면, 문제의 원인을 찾고, 필요한 부품만 구하면 고칠 수 있어."

나는 그런 아버지의 말씀을 철석같이 믿었다. 그때만 해도 나는 학생이었고, 초등학교부터 고등학교까지 매일 산더미 같은 숙제와 시험지를 마주해야 했다. 물론 내가 답할 수 없는 문제들이 많았지만, 그 문제들에 답이 있다는 것은 알았다. 열심히 노력하면 언젠가는 답을 찾을 것이고, 내가 찾지 못하더라도 누군가는 답을 알 것이라고 믿었다.

나중에 나는 심리 상담사가 되어 다양한 사람들과 인생에 관해 이야기를 나누기 시작했다. 상담실을 찾는 사람들은 저마다 괴로운 문제를 안고 있었다. 어떤 사람은 인생에서 중요한 변화를 겪었는데, 예를 들어 잘살고 있던 인생이 자녀의 갑작스러운 병으로 인해 무너졌거나, 회사가 망해 실직하게 되었거나, 오랜 결혼 생활이 배우자의 외도로 깨져버린 경우였다. 또 어떤 사람은 비교적 사소한 고민을 하고 있었는데, 공부를 아무리 해도 성적이 오르지 않는다거나, 자신이 원하는 학교나 전공학과에 들어가지 못했다거나, 낯선 사람을 만나면 항상 긴장하게 된다는 등의 고민이었다.

"어떻게 해야 할까요?"

그들은 자신의 삶을 나에게 털어놓으며 혼란스럽고 절박한 눈빛으로 나를 바라보았다. 마치 고장 난 기계를 가리키며 문제의 원인을 찾아내 수리해 달라고 기대하는 것처럼 말이다.

그래서 나는 문제를 분석하기 위해 노력했다.

"이건 부정적인 인지 패턴입니다."

"당신은 적절한 대처 전략을 개발하지 못한 것 같네요."

"어린 시절의 경험이 자존감을 손상한 것 같습니다."

"이건 사랑의 결핍을 나타냅니다."

그들은 고개를 끄덕이며 내가 하는 말에 수긍하는 듯했다.

하지만 그들은 다시 오지 않았다.

한동안 나는 혼란스러웠다. 왜 나는 아버지처럼 문제점을 찾아내고 대체 부품을 사서 단번에 해결할 수 없을까? 나중에서야 기계를 고치고 수학 문제를 푸는 것과 삶의 문제를 해결하는 것은 같지 않다는 사실을 서서히 깨달았다. 기계를 수리하거나 수학 문제를 풀 때는 문제 밖에서 객관적으로 바라볼 수 있지만, 삶의 문제를 마주할 때는 문제를 해결하는 능력 자체가 그 문제의 제약을 받으며, 그 문제의 결과일 수밖에 없다. 더군다나 인생에서는 우리가 통제할 수 없는 많은 요소가 존재하는데, 그 요소들은 실질적으로 우리에게 큰 영향을 미친다.

그렇다면 우리는 무엇을 할 수 있을까? 어쩔 수 없는 상황에서 나는 내담자에게 솔직하게 고백한다.

"제가 할 수 있는 게 별로 없을지도 몰라요. 제가 할 수 있는 것은 당신이 인생에서 이 힘든 시기를 견뎌내도록 함께하는 것뿐이에요. 삶이 조금씩 새로운 전환점을 맞이하길 기다리고, 당신 안에 변화의 씨앗이 서서히 싹트기를 기다리는 것이죠."

"좋아요."

그들은 한숨을 쉬면서도 다음 상담에 다시 찾아왔다.

뜻대로 되지 않는 인생

나는 많은 사람이 겪는 어려움이 '삶의 문제'라기보다는 '뜻대로 되지 않는 삶'에 가깝다는 것을 깨달았다.

'문제'라는 단어는 원인만 찾으면, 부품만 교체하면, 또는 해답만 찾으면 원래대로 돌아갈 수 있을 것이라는 오해를 불러일으킨다. 그러나 인생에서 어떤 일들은 고칠 수 없거나 다시 되돌릴 수 없다. '뜻대로 되지 않는다'는 것은 우리가 기대하는 방향으로 삶이 흘러가지 않고 되돌리기도 어렵다는 것을 의미한다. 대부분 우리는 그저 삶의 흐름을 따라가며 변화에 적응하려고 노력할 수밖에 없다.

그렇게 보면 진정한 '인생의 문제'는 단 하나뿐이다. 바로 '뜻대로 되지 않는 인생'을 어떻게 직면하고 처리할 것인가 하는 것이다.

그러나 대부분 사람은 이런 접근을 달가워하지 않는다. 기계를 수리하거나 문제를 푸는 방식으로 문제에 매달리고, 효과가 미미하더라도 자신의 노력이 부족하거나 방법이 잘못되었다고 생각한다.

수능 시험지를 푼다고 하더라도 어려운 문제를 풀 수 없으면 일단 그 문제는 내려놓고 다른 문제를 풀면 된다. 하지만 대부분은 그렇게 하지 않는다. 어려운 문제로 실점할까 두려워하고, 계속 노력을 이어가면 비록 결과는 나오지 않더라도 최소한의 희망은 있을 것으로 생각한다.

자신의 무능함을 인정하는 것은 쉽지 않다. 하지만 역설적으로, 특정한 일에 무능하다는 사실을 받아들이면 오히려 더 많은 가능성이 열린다.

얼마 전 상담 관련 인터뷰를 보았다. 이제 막 대학을 졸업한 젊은 프로덕트 매니저가 열심히 일하고 있었다. 이제 막 경력을 쌓기 시작한 만큼 여러 문제를 안고 있었는데, 그를 가장 괴롭히는 것은 정작 자기 삶이 아니라 부모와의 관계였다. 그의 부모는 사이가 좋지 않았고, 자주 다투셨다. 그때마다 그는 전화를 걸어 불만을 들어주고 두 사람의 관계를 개선하기 위해 온갖 방법을 다 써가며 노력했다. 그는 이 문제를 해결해야만 자기 일에 전념할 수 있다고 느꼈다.

심리 상담사가 "이건 부모님의 문제입니다"라고 말했을 때, 그는 "아니요, 이건 제 문제이기도 해요. 제 삶에 영향을 미치니까요"라고 말했다.

그의 말도 어느 정도 일리가 있다. 하지만 실제로 그의 부모님은 수십 년 동안 다투어 오셨고, 그가 온갖 방법으로 부모님을 설득하려 했지만 별다른 효과를 보지 못했다.

어쩌면 그가 마주한 것은 뜻대로 되지 않는 삶이었을 것이다.

상담사가 말했다.

"우리 이렇게 해보는 건 어떨까요? 이런 문제가 없다고 한다면 20대의 당신은 어떤 삶을 살고 싶으신가요?"

다른 이야기를 나누자는 제안은 얼핏 회피처럼 들릴 수 있지만 그렇게 중요한 공간이 서서히 열리기 시작했다. 문제 이외의 삶이 내담자의 시야에 다시 들어왔다. 그는 그 문제를 해결하지 않아도 여전히 할 수 있고 가치 있는 일이 많다는 사실을 깨달았다.

이것이 삶의 장점이다. 문제에 직접 맞서지 않더라도, 다른 영역에서의 발전이 결국 우리 삶을 계속 앞으로 나아가게 한다. 초점 심리 치료에서 자주 사용하는 비유처럼 인생은 흑백의 태극 문양과 같다. 우리는 '음陰'의 부분, 즉 문제에 집중하여 그것을 작게 만들 수도 있고, '양陽'의 부분, 즉 문제 밖의 삶에 집중하여 그것을 키울 수도 있다. 결과는 모두 우리의 삶이 더 나아지게 하는 것이다. 그런데 굳이 비교하자면 '양'의 부분을 확장하는 것이 더 쉬울 수 있다.

문제 밖에도 가치 있는 일이 많다

미술을 전공한 친구가 있다. 어려서부터 자기 재능에 자부심이 있었고 나중에 훌륭한 예술가가 될 거라 확신했다. 그러나 미래의 위대한 성취도 현재의 가난을 해결해 주지는 못했다. 그래서 그녀는 관광지로 가서 초상화를 그려 돈을 벌기로 했다.

해가 저물 무렵에서야 첫 손님이 찾아왔다. 안경을 쓴 중년 남자가 그녀에게 그림값이 얼마인지 물었다. 그녀가 가격을 알려주자 그 남자는 자리에 앉았다. 30분 후, 그림이 완성됐고, 그 남자는 다가와 그림을 보더니 크게 웃으며 물었다.

"이게 나랑 닮았다고 생각해요?"

"닮았어요!"

그녀는 당당하게 대답했다.

"글쎄요, 그럼 돈은 드리지만 그림은 가져가지 않겠습니다."

그리고 돈을 던지고 유유히 사라졌다.

정말 치욕적이었다. 아직 정식으로 활동을 시작하지 않은 젊은 예술가는 그림을 갈기갈기 찢고, 바닥에 떨어진 돈을 주워들었다. 그녀는 눈물이 그렁그렁한 채로 다짐했다.

'이 돈을 꼭 액자에 넣어서 걸어놔야겠어. 이 돈을 볼 때마다 오늘을 떠올리며 나를 격려해야지! 내가 성공하고 나면, 이 사건을 나의 정신적 성장 과정의 중요한 순간으로 사람들에게 얘기해 줄 거야!'

그녀는 분노에 차서 화구를 정리하고 집으로 발길을 돌렸다. 마침 가는 길에 햄버거 가게를 지나는데 배가 너무 고팠다. 주머니를 뒤져보니 아까 바닥에서 주운 그 돈밖에 없었다. 그녀는 잠시 망설이다가 햄버거 가게로 들어가 그 돈을 꺼내 들었다.

"햄버거 하나 주세요!"

그녀가 그 돈을 액자에 넣지 않고 햄버거를 사 먹었기 때문인지, 결국 그녀는 유명한 화가가 되지 못했다. 그러나 나는 그녀의 삶에 대한 태도를 좋아한다. 문제와 정면으로 맞서 싸우기보다 언제든지 잠시 쉬어갈 준비가 된 태도 말이다. 그녀의 인생은 점점 더 혼란스러워 보이지만, 사실 점점 더 명확해지고 있다.

결점을 받아들일 때
비로소 편안해진다

"저는 리더십이 부족하다고 생각해요. 초등학교부터 대학까지 계속 반장을 했지만, 남들만큼 패기도 없고 카리스마도 부족하다는 생각이 들어요."

"저는 제가 정말 별로라고 생각해요. 대학 1학년부터 지금까지 3등 장학금을 두 번, 2등 장학금을 한 번 받았는데, 1등 장학금은 한 번도 받은 적이 없어요."

"제 성격에 문제가 있는 것 같아요. 내성적인 편이라 사람들, 특히 윗사람에게 어떻게 인사를 해야 할지 모르겠고, 무대에서 발표할 때도 쉽게 긴장해요."

내가 만난 다양한 내담자들의 이야기를 한마디로 요약하면 '나에게 문제가 있다'라는 것이다.

그들이 언급하는 문제들이 존재하지 않는다고 말할 수는 없지만, 그들에게 문제가 있다는 것에 동의하면 또 뭔가 잘못되었다는 느낌이 든다.

내가 그들에게 '치료를 포기하라'라고 설득하면 많은 사람이 의아하게 생각할 것이다.

'왜 치료를 포기해야 할까?'

어떤 경우에는 치료를 포기하는 것도 일종의 치료가 될 수 있기 때문이라고밖에는 설명할 수가 없다.

나는 문제가 있어요

심리학자 모리타 쇼마Morita Shoma 박사는 모든 신경증의 본질은 병을 의심하는 것에서부터 시작한다고 했다. 많은 완벽주의자가 높은 목표를 설정하는 동시에 결점에 지나치게 집착한다. 그들은 세상에 대한 불만을 자신에 대한 불만으로 확대하고, 신체에 병이 있다고 의심하는 것부터 시작해 심리적인 문제까지 의심한다. 그래서 그들은 상담사를 찾고, 온갖 방법을 동원해 자신을 바꾸려고 한다.

"나는 문제가 있어요."

그들은 자신에게 문제가 있다는 생각 때문에 괴로워서 자존감이 낮아질 때도 있지만 다른 한편으로는 평범한 사람들의 기준을 뛰어

넘는 완벽함을 요구하고 포기를 거부하므로 자존심이 매우 강하기도 하다. 그들에게 평범해진다는 것은 마치 실패를 의미하는 것 같지만, 정작 그들 자신은 이를 자각하지 못한다. 또 그들이 상담받고, 자신을 개선하려고 애쓰는 그 행동 자체가 때로는 문제의 일부라는 사실도 깨닫지 못한다.

그래서 나는 '치료를 포기하는 것'이 그들에게 필요한 치료라고 생각한다. 이것을 다른 말로 '자기 수용'이라고 한다.

물론 내가 그들에게 권하는 것은 심리 상담을 진짜로 포기하라는 것이 아니다. 항상 끊임없이 결점과 문제를 찾으려 하고, 자신을 치료하려 집착하는 불안한 마음을 버리라는 것이다.

내가 이런 제안을 하면 몇몇 사람들은 이렇게 반문한다.

"자기 개선이 왜 잘못된 거죠? 만약 우리가 치료를 포기한다면 어떻게 더 나아갈 수 있나요?"

우리가 자신에 대한 불만과 불안을 발전의 동력으로 삼는 것에는 문제가 있다. 때로는 불만과 불안이 동기가 되기도 하지만 항상 그런 것은 아니며 가끔은 부작용이 나타나기도 한다.

진정한 발전은 불안한 자기 의심에서 오는 것이 아니라, 평온한 자기 수용에서 비롯된다. 자신에 대한 불만에 쫓기기보다, 더 나은 목표에 이끌리는 것이 훨씬 낫다. 진정한 발전은 서두르지 않는다. 그저 조용히 씨앗을 심고, 꽃이 피고 열매를 맺을 때까지 인내로 기다리면 성장은 자연스럽게 이루어질 것이다. 우리는 이 사실을 믿어야 한다.

또 다른 사람들은 이렇게 묻기도 한다.

"좋아요. 자기 수용이 그렇게 좋다면 제가 어떻게 하면 자기 수용을 할 수 있나요?"

이들은 자기 수용의 본질이 무언가를 쫓는 것이 아니라 내려놓는 것임을 여전히 이해하지 못했다. 우리는 삶에 대한 지나친 통제, '완벽한 나'가 되고자 하는 욕망, '완벽한 세상'에 대한 집착을 버려야 한다. 우리에게 자기 수용이 필요하다는 것은 어떤 이점이 있기 때문이 아니라, 결점도 우리의 한 부분임을 받아들여야 하기 때문이다. 삶은 세련되기보다는 거칠 때가 더 많지만, 삶의 거친 면 뒤에는 또 다른 생명력이 숨겨져 있으며, 그것은 우리 삶의 기쁨과 고통이 교차하는 순간들 속에서 피어난다.

자기 수용의
어려움

최근에 만난 내담자는 온통 부정적인 생각에 휩싸여 있었다. 그는 자신이 예민하고 내성적이며, 자존감이 낮고 미성숙하고 불안하며, 우울증에 강박증까지 있다고 생각했다. 마치 부정적인 키워드를 하나라도 더 모으려고 애쓰는 것처럼 보였다. 그래서 그와 대화할 때 최대한 부정적인 용어를 사용하지 않으려고 조심 또 조심했다. 혹시라도 대화 중 부정적인 단어를 들으면 그 즉시 자신에게 적용할 것 같았다.

그런데 결국 실수하고 말았다.

"인내심이 부족하고 변화를 서두르는 것이 문제가 될 때도 있죠."

"맞아요, 그러니까요! 저는 정말 인내심이 없어요. 성격도 너무 급해서 항상 빨리 문제를 해결하려고 한다니까요!"

그는 마침내 문제의 원인을 드디어 찾은 듯 간절하게 나를 바라보았다.

"그럼 제가 어떻게 바꾸면 될까요?"

'변화를 서두르는 상태'를 어떻게 바꿀 수 있을까? 정말 난감한 질문이었다.

최근에 파울 바츨라빅Paul Watzlawick과 존 위클랜드John Weakland 등이 쓴 『변화: 문제 형성과 문제 해결Change: principles of problem formation and problem resolution』이라는 책을 읽다가 '변화를 서두르는 상태를 바꾸는 법'과 같은 역설이 우리 삶 곳곳에 존재한다는 사실을 발견했다.

변화하기를 멈추는 순간 변화가 시작된다

내담자가 "제가 절 받아들이지 못하는 것이 문제입니다"라고 말하거나, 엄마가 아이에게 숙제하라고 재촉하면서 "너는 내가 지켜보지 않으면 숙제를 할 수 없니?"라고 잔소리할 때, 아내가 남편을 마음대로 휘두르면서 "당신은 내가 말 안 하면 아무것도 못 해?"라고 투덜댈 때, 남편이 아내에게 "제발 말 좀 예쁘게 하면 안 돼?"라고 소리 지를 때 모두 자신이 부정하는 것과 일치하는 행동을 하는 셈이다. 더 나쁜 것은 그들의 행위가 그들이 반대하려는 문제를 더 악화시킨다는 것이다.

일부 신경증 문제 또한 이러한 역설을 포함하고 있다. 불면증을 겪는 사람은 잠들려고 애쓰기 때문에 더 심한 불면증을 겪고, 불안한 사람은 자신의 불안을 통제하려는 시도 때문에 더 불안해진다. 또 우울한 사람은 자신이 활동적이고 적극적이지 않다는 사실을 자책하면서 더 우울해진다.

그러니 이런 그들에게 변화를 추구하는 시도를 포기하라는 것은 너무나 어려운 일이다. 역설적인 상황에 빠진 사람들은 아무것도 하지 않으면 상황이 더 나빠질 것으로 생각하기 때문이다. 그래서 변화하려는 시도와 문제 자체가 결합해서 '문제-변화를 위한 노력-문제 심화-변화 욕구 증가'라는 악순환을 형성한다.

이런 악순환에서 벗어나기 위해서 '치료 포기'가 하나의 치료 방법이 된다. 하지만 앞서 말했듯이 결코 쉬운 일이 아니다.

역설에 빠진 사람의 심리 상태는 기울어진 낡은 집 안에 웅크리고 있는 것과 같다. 집이 낡고 기울어졌지만, 비바람을 막아주는 기능은 여전히 있어서 그 집에 살고 있긴 하다. 하지만 그 집이 안전하지 않다는 걸 알아서 어떻게든 수리해야 한다고 생각한다. 그런데 심리 상담사가 와서 "더는 고칠 필요 없어요. 허물고 새로 지으세요. 그렇지 않으면 더 위험할 수 있습니다"라고 말하는 것과 다름없다. 비바람을 피하려고 집구석에 웅크리고 있는 사람이 어떻게 밖으로 나가서 그 집을 허물겠는가?

방어를 포기하고 내면의 불안과 긴장을 마주하는 것은 정말 엄청난 모험이다. 많은 사람이 늘 변화를 추구하지만, 그 과정이 결코 논리적이고 연속적인 보수 작업이 아니라는 사실을 이해하는 사람은 거의 없다. 절벽 끝에서 몸을 던져 기존의 질서가 파괴되는 것을 경험하고, 그 고통스러운 깨달음을 경험한 후에야 비로소 더 단단하고 넓은 평원에 다시 설 수 있는 것과 같다. 한마디로 매우 어렵고 힘든 일이다.

모리타 치료의 개념은 바로 이러한 '치료를 포기하는 것'에 대한 깨달음에서 시작되었다. 이 치료법의 창시자인 모리타 쇼마도 어렸을 때부터 오랫동안 신경쇠약에 시달렸다. 일고여덟 살 때 일본 사찰에서 지옥을 묘사한 벽화를 보고 무서움에 휩싸여 죽음의 공포에 빠졌고, 열두 살에는 여전히 야뇨증으로 고통받았다. 열여섯 살에는 편두통과 두근거림, 신경쇠약, 불면증에 시달리며 힘겨운 사춘기를 보냈다.

대학 1학년 때, 부모님이 농사로 바빠 두 달 동안 생활비를 보내는 것을 잊어버렸는데, 일반적으로 신경증 환자는 생각이 많은 편이기 때문에 모리타도 예외는 아니었다. 그는 부모님이 자신의 학업을 지원하지 않는다고 오해하고 무시당하고 있다는 생각에 화가 나서, 부모님 앞에서 자살할 생각까지 했다. 슬픔과 고통 속에서 그는 치료를 포기하기로 결심했다. 더는 약을 먹지 않았고, '심장 두근거림'이나 '신경쇠약' 같은 증상들 앞에서 '죽음도 두렵지 않다, 어떻게 되든지 상관없다'라는 마음가짐으로 무시하기로 했다. 그리고 책을 읽거나 공부하는 것으로 자신을 피곤하게 만들어 죽으려고 애썼다.

그런데 어떻게 된 일인지, 그는 예상 밖의 좋은 결과를 얻었을 뿐만 아니라 신경증 증상도 사라졌다. 이 경험을 통해 모리타는 유명한 모리타 치료법을 개발했다. 이 치료법의 핵심 개념은 '치료를 포기하고 증상을 안고 살아가는 것'이다.

한 걸음 더 나아가면, 단순히 증상을 치료하지 않는 것뿐만 아니라 그 증상을 목표로 삼는 것이다. 이와 관련하여 흥미로운 사례가 있다.

빅터 프랭클의 의도적 역설

한 노병이 오랫동안 불면증에 시달리다 유명한 정신과 의사를 찾아갔다.

"선생님, 저는 매일 밤 침대에 누워 천장을 쳐다보면서 잠들려고 안간힘을 쓰는데 도무지 잠이 오지 않습니다. 어떻게 해야 할까요?"

그러자 의사가 대답했다.

"거짓말이죠? 어떻게 밤새 천장을 쳐다보는데 잠이 오지 않을 수 있죠?"

노병은 누군가가 자신에게 거짓말쟁이라고 하니 자존심이 상해서 참을 수가 없었다.

"왜 거짓말을 해요? 제가 할 일 없어서 여기 온 게 아니잖아요! 잠이 오지 않으니까 찾아왔죠!"

의사는 그래도 믿지 않는다고 대답했다.

두 사람 사이에 한동안 실랑이가 벌어졌다. 의사가 말했다.

"이렇게 해보세요. 오늘 밤 집에 가서 천장을 보면서 '내가 잠이 들면 나는 쓰레기야'라고 말해보세요. 그래도 잠이 들지 않으면 다음 주에 다시 오세요. 그때 제가 사과드리죠."

노병은 화가 나서 집으로 돌아갔다. 그리고 그날 밤 여느 때처럼 천장을 쳐다보는데 점점 눈이 무거워지더니 곧 잠이 들었다.

이처럼 역설은 사람을 딜레마에 빠뜨리기도 하지만, 변화를 촉진하는 데 도움을 주기도 한다. 아우슈비츠 수용소 생존자이자 심리학자인 빅터 프랭클은 그의 저서 『죽음의 수용소에서』에서 이렇게 말했다.

마음속 두려움이 정말로 두려워하는 일을 생기게 하고, 지나친 주의 집중이 오히려 원하는 일을 불가능하게 한다.

프랭클은 '의도적 역설'이라는 치료 방법을 창시했다. 내담자가 어떤 일을 두려워할수록 그 일을 의도적으로 발생하게 하는 치료법이다. 예를 들어 강연 준비를 하면서 자신이 무대에서 얼굴이 빨개지고 땀을 흘릴까 봐 걱정한다면, 프랭클은 아마도 '얼굴이 더 빨개지고 땀을 많이 흘리도록 노력해 보세요'라고 조언할 것이다. 불면증을 심하게 앓는 환자에게는 제대로 잠을 자지 말라고 지시하는 식이다.

이 방법이 효과적인 이유는 역시 역설적이기 때문이다. 내담자가 상담사가 제시한 과제를 진지하게 수행할 때, 강연 중에 얼굴이 빨개지든 아니든 그는 모두 성공한 것이다. 얼굴이 빨개지지 않았다면 본래 그의 상담 목표가 이루어진 것이고, 만약 빨개지면 상담사가 요구한 대로 '올바른' 일을 성공적으로 수행한 것이기 때문이다. 얼굴이 빨개지는 것을 상담사가 요구한 '올바른' 일로 해석할 수 있게 되면 통제력이 생긴다. 처음에는 얼굴이 빨개지는 것을 제어할 수 없어서 극도로 불안해했는데 말이다.

이것이 역설의 신비로운 원리다. 특별한 상황을 만들어내서 우리를 난처한 상황에서 벗어나 통제력을 회복할 수 있게 해준다.

하지만 역설 외에 다른 것도 있다. 모리타 치료는 '증상과 함께 사는 것'을 강조하는 것 외에도 '해야 할 일을 한다'라는 점을 강조한다. 프랭클의 치료는 삶의 의미를 강조하기 때문에 '의미치료Logotherapy'라고도 알려져 있다. 증상에 대한 두려움에 사로잡혀 있을 때, 우리는 왜 그렇게 말하기를 두려워하면서 여전히 말을 하는 건지, 변화가 이토록 어려운데 왜 끊임없이 변하고자 노력하는지를 생각해 보자. 그 뒤에는 우리가 소중히 여기는 의미와 가치가 있기 때문이다. 이러한 의미와 가치야말로 우리를 앞으로 나아가게 하는 진정한 동력이 된다.

나는 더 좋아질 수 있을까?

＊

＊
＊

＊

＊

＊

"어떻게 하면 나아질 수 있을까요?"

그녀의 눈빛에서 불안과 혼란, 좌절 그리고 기대감을 엿볼 수 있었다.

"가끔 정말 절박함을 느낄 때가 있어요. 심리학 서적도 많이 읽고, 관련 수업도 많이 들으면서 제가 가진 문제를 이해하려고 노력하고 끊임없이 변화를 시도해 봤어요. 업무 기준도 일부러 낮추고 별로 좋아하지 않는 사람들에게 친절하려고 노력했어요. 그런데 그 노력이 끝까지 가지 못하더군요. 시간이 이만큼 흘렀는데도 저는 별로 나아진 게 없어요. 제가 너무 형편없게 느껴져요."

그녀를 처음 만난 건 10년 전이었다. 그때 막 상담을 배우기 시작하던 시기였고, 심리학이나 상담과 관련해서 어떤 문제든 호기심 가득한 눈으로 바라볼 때였다. 원래 그녀는 내 내담자가 아니었다. 당시 친구의 소개로 만나게 됐는데, 그때는 아무것도 모를 때라 상담을 하는 게 별로 큰일이 아니라는 생각에 애써 거절하지 않았다. 상담 경력을 쌓을 좋은 기회라고 생각했다.

물론 어떻게 보면 다소 이상해 보일 수도 있다. 상담실에서 공식적으로 진행하는 상담은 아니었기 때문에 나도 너무 깊은 주제는 피하려고 했다. 그런데 아무래도 직업이 상담사이다 보니 그들도 뭔가 도움을 받을 수 있기를 기대했고, 나 또한 그 기대에 부응할 수밖에 없었다.

자신을 깎아내리는 사람에 대한 특별한 처방

그녀를 처음 만난 건 어느 카페의 작은 방이었다. 무더운 여름밤, 그녀는 하얀 꽃무늬 원피스를 입고 있었고 말할 때는 고개를 숙이면서 가끔 얼굴이 빨개지곤 했다. 그런 모습만 보면 그녀가 회사 고위 관리직이라는 사실이 믿기지 않았다.

그녀의 문제는 스스로 부족하다고 느끼는 것이었다. 심리학 서적과 기사에 나오는 모든 문제가 다 자신에게 해당한다고 생각했다. 일상생활에서는 사람을 피하고 최대한 접촉하지 않으려고 했다. 하지만 일할 때는 완전히 다른 사람 같았다. 동료들의 업무 속도와 결과가 자신의 기준에 미치지 못하면 화를 내거나 짜증을 냈다. 그래서 동료들은 그녀를 피하거나 뒤에서 수군대곤 했다. 이는 그녀가 자신에 대해 부정적인 평가를 강화하는 계기가 되었고, 그로 인해 그녀는 약간의 우울증 증상까지 보이며 상태는 더욱 안 좋아졌다.

하지만 모든 사람이 그녀를 그렇게 보지는 않았다. 그녀의 상사는 그녀를 깊이 신뢰하여 꽤 큰 프로젝트를 맡기려고 준비하는 중이었다. 하지만 그녀는 자신이 그 일을 잘 해낼 수 없을 거라는 생각에 덜컥 겁이 났다.

나는 이런 부정적인 평가를 이해한다. 때로 우리의 불안은 다른 곳에서 비롯된다. 예를 들어 어린 시절 부모와 친밀한 관계를 형성할 기회를 놓쳤을 때처럼 말이다. 하지만 이런 불안은 결국 '내가 잘못됐다'라는 결론으로 이어지곤 한다. 감정과 이성이 조화를 이루어야 할 때, 이성은 항상 감정에 굴복하고 만다. 그녀의 경우, 이 불안을 없애기 위해 자기 평가를 부정적으로 왜곡했다. 그녀는 자신의 성공을 바로 보지 못하고, 오로지 결점만을 확대 해석했다. 잘 이해가 안 될 수도 있지만, 그녀 처지에서는 그런 관점을 유지하는 것이 오히려 마음은 편안했을 것이다. 이것이 지금까지 그녀가 살아온 익숙한 방식이기 때문이다.

그녀가 느끼는 감정을 충분히 이해할 수 있을 것 같았다. 그래서 어떻게든 그녀를 돕고 싶었다.

나는 먼저 사실을 바탕으로 논리적으로 설명하기 시작했다. 그녀가 가진 많은 장점을 열거하며 자신이 생각하는 만큼 나쁘지 않다는 점을 이해시키려 했다. 또 불안이 우리에게 어떤 영향을 미치는지,

어떻게 혼란을 일으키는지 설명해 주었다.

한 시간 가까이 진지하게 설득한 끝에 그녀는 무언가를 깨달은 듯 말했다.

"고마워요, 선생님. 정말 선생님 말씀이 맞는 것 같아요. 사실 저는 이유 없이 계속해서 자신을 깎아내리고 있어요."

"흠."

나는 긴 한숨을 내쉬며, 이제야 상담이 효과를 본 것 같아 약간 뿌듯하기도 했다. 그런데 그녀가 고개를 숙인 채 마치 죄를 고백하듯이 이어서 말했다.

"만약 저처럼 계속해서 자신을 깎아내리고, 부정적인 에너지만 뿜어내는 사람을 보면 정말 때려주고 싶을 것 같아요."

그녀의 눈빛이 다시 어두워졌다. 그때 나는 그녀가 자신을 깎아내리는 무기고에 또 다른 위협적인 무기를 추가했다는 사실을 깨달았다. 그 무기는 바로 '나는 계속해서 자신을 깎아내리고 있는데, 이걸 제어할 수 없다'라는 생각이었다.

정말 끔찍한 상황이 벌어진 것이다! 그녀에게 자신을 깎아내리고 있다는 것을 깨닫게 해주려고 한 시도가 오히려 자신을 왜곡하고 심지어 자신이 더 나쁘다고 느끼게 만들었으니 말이다. 어떻게든 다른 방법을 생각해 내야 했다.

잠시 생각한 끝에 나는 한 가지 제안을 했다.

"당신이 계속해서 자신을 깎아내리고 있지만, 마음 깊은 곳에서는 자신이 그렇게까지 나쁘다고 생각하지 않을 수도 있어요."

그녀는 혼란스러운 표정으로 나를 바라봤다.

"정 못 믿겠으면 우리 내기할래요? 만약 당신이 10분 안에 자신을 깎아내리는 단어 열 개를 중복 없이 말하면 제가 돈을 줄게요. 그렇지 않으면 당신이 저에게 돈을 주는 거예요. 어때요?"

그녀는 어리둥절했지만, 호기심에 다시 물었다.

"그게 무슨 뜻이죠? 제가 단점 열 개를 말하면, 당신이 돈을 준다고요?"

"맞아요, 한번 해볼래요?"

"좋아요!"

그녀는 여전히 의구심을 갖긴 했지만, 너무 자신만만한 내 모습에 한번 해보겠다고 했다.

"성격이 나빠요, 너그러운 성격도 아니고요, 대인기피증…."

그녀는 생각보다 단어가 떠오르지 않는지 잠시 멈췄다.

"아, 생각이 안 나네요. 아직 다섯 개도 못 했는데…."

"아직 시간이 있어요, 충분해요. 천천히 생각해 보세요. 이것밖에 없다니, 당신이 말하는 것처럼 종일 자신이 나쁘다고만 생각하는 사람은 아닌가 보네요."

내가 말하는 동안 열심히 생각해 냈는지 그녀는 이어서 말했다.

"부정적인 에너지를 뿜어내고, 자제력이 부족하고, 안정감도 없고, 자신감도 없고… 너무 독단적이고, 비관적이고, 의심이 많아요."

마지막 1분을 남기고 드디어 열 개를 모두 말했다. 안도의 한숨을 내쉬는 그녀의 모습에서 왠지 모를 씁쓸함이 느껴졌고 동시에 아주 약간의 자부심도 느껴졌다. 의도적으로 설계된 게임이라도 승리는 언제나 기분이 좋은 법이다.

이제 결과를 확인할 차례였다. 많지도 적지도 않은 딱 열 개였다.

그래서 나는 주머니에서 지폐를 꺼내 그녀에게 내밀었다.

"내기에서 졌으니, 이 돈은 받아주세요."

내가 정말 돈을 줄 줄 몰랐는지 그녀는 당황해하며 말했다.

"아니에요, 그러지 마세요. 제 고민을 들어주셔서 오히려 감사한 걸요."

"이건 받으셔야 합니다. 제가 정말 중요한 말을 하나 할 건데, 이 돈을 받으셔야 할 수 있을 것 같아요."

"무슨 중요한 말을 하실지 걱정되네요."

그녀는 조금 망설이다가 돈을 건네받긴 했는데 어디에다 두어야 할지 도무지 알 수가 없다는 듯 어정쩡한 표정을 지었다.

"나중에 당신이 앞서 말한 열 개의 단어로 자신을 공격할 때, '이게 다 나쁜 건 아니야, 이걸로 돈도 땄잖아'라고 자신에게 말해주는 거예요."

"아, 좋네요!"

내가 한 말이 예상 밖이었던지 그녀는 웃음을 터뜨렸다. 지금까지 대화에서 처음으로 웃음을 보였다. 덕분에 분위기가 한결 부드러워졌다. 잠깐 생각에 잠긴듯하더니 그녀가 입을 열었다.

"정말 치유가 되네요. 그런데 만 원은 너무 적어요. 5만 원이나 10만 원쯤 됐으면 더 인상 깊었을 텐데 말이에요."

"음, 그럼 당신의 부정적인 단어 목록에 하나를 더 추가해야겠네요. '욕심쟁이'라고요."

"욕심쟁이라니요, 만약 제 단점을 말해서 돈을 벌 수 있다면 선생님이 파산할 때까지 계속 말할 수 있어요…."

나의 의도는 부정적인 말을 하는 것이 더는 나쁜 것이 아니라 좋은 방향으로 갈 수 있다는 새로운 상황을 만들어내는 것이었다. 나 역시 하나의 역설을 만들고 싶었다.

'자신에 대해 부정적인 말을 많이 할 수 없다면 그건 좋은 일이에요. 당신이 그만큼 부정적이지 않다는 뜻이니까요.'

'자신에 대해 부정적인 말을 많이 하는 것도 좋아요. 게임에서 이기고 돈도 벌었으니까요.'

이런 역설 속에서는 당신이 무엇을 하든, 그 자체로 옳은 일이 되는 것이다.

나는 굉장히 만족스러웠다. 이런 개입은 분명히 효과가 있을 것으로 생각했다. 특히 헤어질 때 그녀가 진심으로 고마워했다.

"고맙습니다. 정말 큰 도움이 됐어요."

그 후로 나는 그녀를 다시 보지 못했다. 처음 그녀를 소개해 준 친구 말에 따르면 그녀가 나를 만났을 때 정말 큰 도움을 받았다고 말했다고 했다.

"구체적으로 어떤 도움이 됐다고 했어?"

혼자 기대에 차서 물었다. 혹시라도 역설 방식이 효과가 있었나?

"네가 자기를 도와주려고 만 원을 줬다고 하던데. 보통 상담사가 돈을 받는데, 내담자를 도우려고 돈을 주는 상담사는 처음 봤다고 하더라. 거기서 진정성이 느껴졌대."

"그렇구나…."

내가 기대했던 것과는 좀 달랐지만, 또 가만히 생각해 보니 역설 방식이 효과가 없었던 것은 아니었던 것 같다. 그러나 더 효과적이었던 것은 내가 그녀를 돕기 위해 진심을 담아 상담했다는 사실이었다. 그것도 실제 내 돈까지 내면서 말이다. 어쩌면 그녀에게는 그런 실질적인 행동이 말이나 이론보다 더 중요했을 것이다.

"그런데 말이야…."

친구가 잠깐 멈칫하더니 조심스럽게 물었다.

"너 그렇게 신경 쓴 거, 혹시 그녀를 좋아해서 그런 거야?"

"뭐라고?"

바꿀 수 없는 것을
받아들이는 용기

❋

❋
❋
❋
❋

"신이시여, 제가 바꿀 수 없는 것을 받아들일 평온함과 제가 바꿀 수 있는 것은 바꿀 용기를 주소서. 그리고 이 둘을 분별할 지혜를 주소서."

신학자 라인홀드 니부어의 기도문 일부다. 나는 이 기도문을 우리 실제 삶에 적용해 보았다.

앞에서 우리는 문제 해결 방식으로 피할 수 없는 불만족을 해결하려고 한다고 이야기했다. 그 이면에는 중요한 개념이 있는데, 우리가 어떤 일을 겪었느냐가 아니라, 어떻게 대처하느냐 하는 것이다. 체계적 치료systemic therapy에서도 말하는 것처럼 때로는 문제라고 인식하는 것이 문제를 해결하는 잘못된 방식일 수 있다.

체계적 치료법의 대표적인 인물 프리츠 B. 사이먼Fritz B. Simon이 『나의 정신병, 나의 자전거 그리고 나My Psychosis, My Bicycle, and I: The Self-Organization of Madness』에서 얘기한 것처럼 만약 누군가가 무릎을 다쳐서 멍이 들었다고 가정해 보자. 그 멍을 그냥 두면 시간이 지나면서 자연스럽게 사라질 텐데, 빨리 낫게 한다고 계속 문지르면 오히려 더 낫지 않을 수도 있다.

이것은 사람과 심리적 질병에 대한 은유적 표현이다. 우리는 사람을 외부의 수리가 필요한 기계로 봐야 할까, 아니면 자가 치유 능력을 갖춘 유기체로 봐야 할까?

이런 질문을 던지면 대부분 사람은 후자라고 생각한다고 말할 것이다. 그러나 문제를 대하는 방식은 종종 전자에 가깝다. 우리는 본능적으로 문제를 해결하려는 자세를 보이며 올바른 일을 하기만 하면 문제는 해결될 것이라고 믿는다. 그 이면에는 고통스러울 때 무엇이든 해야 한다는 근본적인 통제 욕구가 숨어있다.

그렇다면 도대체 어떻게 해야 할까?

그렇다고 심리 상담이 단순히 삶의 불만족을 인정하는 것 외에는 아무것도 할 수 없다는 인상을 주었다면, 그것은 오해다. 심리 상담은 내담자가 직면한 문제를 해결하는 과정이 아니라 내담자가 문제에 대처하는 방식에 관해 논의하는 장이다. 심리 상담사로서 내담자가 가져온 문제를 어떻게 다르게 정의하고 해결할 수 있는지와 문제 대처 방식을 검토한다. 그 대처 방식이 효과적인지, 이를 어떻게 발전시킬 수 있을지도 함께 고민한다. 나아가 가능한 대처 방식으로 기존의 문제를 재정의하기도 한다.

이 모든 과정에 심리 상담은 문제를 찾는 것이 아니라, 길을 찾는 것이라는 하나의 철학이 반영된다. 그렇다면 그 해결책은 어디에 있을까? 그 답은 니부어의 기도문에 있다. 받아들일 것은 받아들이고, 바꿀 수 있는 것은 바꾸며, 이 둘을 구분할 수 있는 지혜를 갖는 것이다.

자기 수용은 나약함이 아니다

늘 자신이 부족하다고 느끼는 친구와 이야기를 나눈 적이 있다. 나는 그녀에게 '부족함'을 보상받을 만한 상황을 만들어 그녀가 부족하다고 느끼는 것을 그 상황에서 유리한 요소로 전환하도록 했다. 이는 자기 의심을 변화시키는 하나의 접근 방식에 불과할 뿐, 자기 의심을 완벽히 해결할 수는 없다. 자기 의심은 매우 고질적이어서 쉽게 바뀌지 않는다. 다만, 자기 의심을 완전히 없앨 수 없더라도 때로는 그것을 가볍게 넘기며 대응하는 것이 하나의 방법이 될 수 있다.

자기 의심을 쉽게 바꾸기 어렵다고 말하는 이유는 나 또한 자주 자기 의심에 빠지며 스스로에 대해 만족하지 못하고, 비관할 때가 있기 때문이다. 그에 비해 우리 스튜디오 동료들은 나보다 훨씬 낙관적이고 긍정적이다. 그들 중 대부분이 지금 하는 일을 좋아하고, 좌절을 겪어도 침착하게 반응한다. 그래서 나는 종종 어떻게 그렇게 할 수 있는지 물어보곤 한다. 정작 그들은 내 책을 읽고 수업을 들으면서 변했다고 한다. 왜 나는 변하지 못하고 여전히 비관적이며 작은 좌절에도 쉽게 무너지는지 참으로 의아했다.

내가 생각하는 유일한 진전은 이런 자기 의심이 일을 방해하지 않도록 했다는 것이다. 예를 들어, 이 책을 쓰면서도 사람들이 내 좁은 시야와 부족함을 알아차리면 어쩌나 여전히 걱정스러웠다. 가끔은 '내가 아는 건 이 책에 쓴 것보다 더 많다'라고 큰 소리로 외치고 싶기도 했다. 이 말은 겉으로 보기엔 당당해 보이지만, 사실 변명에 불과하다. 그 이면에는 사람들이 이 책을 칭찬해 줄 거라는 상상은 하지 않고, 비판에 어떻게 변호할지만 고민했다는 것이 여실히 드러난다. 그래도 이 책을 출간하는 데 전혀 지장이 없었으니 천만다행이다.

돌이켜 보면 내가 얼마나 많은 자기 의심을 했든 지난 몇 년간 분명히 조금씩 발전해 왔다(물론 내 마음가짐이 더 긍정적이고 낙관적이었다면 아마 더 큰 성장을 이뤘을 것으로 생각하곤 한다). 그리고 그건 자신감이나 자기 의심과는 상관없이 내가 한 일과 관련이 있다.

이 장에서 내가 가장 좋아하는 사례가 다음에 소개하는 내용이다. 수업 중 손이 떨릴까 봐 불안에 빠진 어느 선생님의 이야기다. 그녀는 손 떨림이 문제라고 생각했고, 문제를 해결하려면 이를 통제해야 한다고 믿었다. 그러나 나는 그녀에게 긴장할 때 손이 떨리는 사실과 당분간 그것을 바꿀 수 없다는 사실을 인정하고 가르치는 데 집중하라고 말해주었다.

내가 이 이야기를 좋아하는 이유는 있는 그대로의 자신을 이해하고 직면하며 수용하는 데 필요한 용기와 결단을 보여주기 때문이다. 수용은 나약함이 아니라 또 다른 형태의 용기다. 삶의 결함을 인정하고 그로 인해 필연적으로 따라오는 상실감을 받아들이며, 그 상실을 딛고 새로운 출구를 모색하는 일, 그것이야말로 삶이 보여주는 가장 위대한 창조다.

왜 쓸데없는 불안을
내려놓지 못할까요?

자기 수용은 종종 우리가 삶의 고난과 자신의 결함을 마주해야 한다는 것을 의미한다. 다음 독자의 편지는 고난에 직면한다고 해서 고난이 사라지지는 않지만, 우리를 더욱 존엄하게 살아갈 수 있게 해준다는 것을 알려준다.

저는 중학교 화학 교사입니다. 오래전부터 선생님의 강의를 들어오다가 고민을 풀어놓을 곳이 없어 이렇게 편지를 드립니다.

요즘 저는 큰 심리적 갈등을 겪으면서 자신감을 점점 잃어가고 있습니다. 수업 시간에 실험을 시연할 때 손이 자주 떨리는 편인데, 혼자하거나 소수 학생 앞에서는 별로 티가 나진 않습니다. 손 떨림은 제가 발령받은 지 얼마 되지 않았을 때부터 시작됐어요. 교육청의 장학사들이 참관하는 공개 수업에서 실험을 시연하게 되었는데, 너무 긴장한 나머지 손이 떨리기 시작하더라고요. 손 떨림 외에는 모든 부분이 순조로웠고 피드백도 좋았지만, 저에게는 트라우마가 되었습니다. 그 이후로 실험 시연을 할 때마다 손이 떨리곤 했습니다. 처음에는 문제를 회피하려고 학생들에게 실험을 대신하게 했습니다. 그러다가 그게 해결책이 아니라는 생각에 지금은 직접 실험을 합니다. 솔직히 말해서 학생들이 비웃을까 봐 걱정되긴 합니다. 실험만 하지 않으면 학생들을 가르치는 데도 자신 있고, 누구보다 즐겁게 할 수 있는데 너무 안타까울 뿐이에요.

그래서 지난여름에 학교를 그만두었고, 1년 동안 스스로 조정하고 변화할 시간을 가질 생각이었습니다. 하지만 지금 와서 보니 그때의 결정이 너무 어리석었습니다. 지금 제 문제는 전혀 개선되지 않았고, 오히려 점점 더 커지고 있습니다. 손 떨림에 지나치게 신경 쓰다 보니 이제는 다른 일을 할 때도 손이 떨릴까 봐 걱정되고, 그것 때문에 엄청난 스트레스를 받고 있습니다. 그래서 일부러 공원에서 화학 실험을 계속 연습했는데, 오가는 사람들이 호기심 어린 시선으로 쳐다보더라도 지금은 손이 떨리지 않습니다. 이제 새로운 학교에 지원하려고 준비 중인데, 여전히 손이 떨릴까 봐 걱정됩니다. 왜 과거의 실패를 잊지 못할까요? 제가 너무 싫습니다. 인생을 엉망으로 만든 제가 너무 싫어요.

제가 긴장할 때 손이 떨리는 이유는 자신감이 부족하고 타인의 평가에 지나치게 의존하는 성향 때문인 것 같다는 결론을 내렸어요.

아마도 원가정과 관련이 있지 않을까요? 가난하고 억압당하고 인정받지 못했던 어린 시절의 경험이 저를 자존감 낮은 사람으로 만들었습니다. 저는 내성적인 성격이라 항상 기쁘고 좋은 일만 알리고 힘들고 좋지 않은 일은 알리지 않았어요. 친구들 사이에서 저는 긍정 에너지를 주는 사람으로 통합니다. 친구들이 어려움을 겪을 때 힘을 주는 사람이죠. 하지만 정작 제 고통은 잘 표현하지 못합니다. 제 성격은 참 모순적인 것 같아요. 뼛속까지 열등감을 느끼기도 하고 다른 한편으로는 모든 면에서 남들보다 뒤처지지 않는다는 자신감이 있기도 합니다.

지금의 저는 여전히 자신을 받아들이는 법을 배우지 못했습니다. 때로는 제가 미울 때도 있습니다. 삶 자체도 본래 쉽지 않은데, 왜 이렇게 저 자신을 망가뜨리는지 모르겠어요. 과거의 그림자에 저를 가두면 더 많은 것을 잃게 될 뿐인데, 그냥 다 내려놓고 현재의 일과 삶에만 집중하지 않는 이유가 뭘까요? 그러나 통제하려고 하면 할수록 점점 더 통제 불능이 되어 불안과 공포가 커지고 자기 의심에 빠질 때가 많아요. 이러한 감정은 제 집중력을 흐리게 해서 제 삶에 큰 어려움을 안겨주고 있습니다.

저는 예전처럼 마음속 목표를 위해 흔들리지 않고 나아가던 자신을 다시 찾고 싶습니다. 제 마음이 더는 겁먹지 않도록요. 어떻게 하면 이 어려움에서 벗어날 수 있을까요? 때로는 누군가가 저를 호되게 꾸짖어서 제가 만든 이 악순환에서 저를 깨워주면 좋겠다는 생각이 듭니다.

불안을 내려놓지 못하는 자신을 인정하라

누군가가 호되게 꾸짖어서 당신을 깨워주길 바라는군요. 우선 저는 남을 잘 꾸짖지 못하고, 당신을 나무랄 이유도 도저히 떠오르지 않습니다. 둘째로 당신도 자기 자신을 이미 많이 꾸짖었을 텐데, 별 효과가 없었던 것 같습니다. 이미 꾸짖었던 일을 다른 사람의 입으로 다시 꾸짖어봐야 아무런 소용이 없을 겁니다

그래서 저는 다른 이야기를 들려드리려고 합니다.

아시다시피, 신화 속에는 추방당해서 고난을 겪고 마침내 집으로 돌아오는 공주들의 이야기가 자주 등장하는데, 그 이야기 중 하나입니다.

프시케Psyche라는 소녀가 있었는데, 그녀는 왕국에서 가장 아름다운 소녀였습니다. 너무 예쁜 나머지 신들마저 그녀를 질투했고, 특히 아프로디테는 질투심에 눈이 멀어 그녀의 부모에게 그녀를 죽여야 한다는 신탁을 내렸습니다. 당시 신의 명령은 거역할 수 없었기 때문에 슬픔에 잠긴 마을 사람들은 그녀의 장례식을 치르고 그녀를 황량한 산꼭대기에 내다 버렸습니다. 두려움과 절망에 빠져 있던 그 순간, 사랑의 신 큐피드(어린 큐피드가 아니라 성인 큐피드)가 나타나 그녀를 구해 자신의 궁전으로 데려갔습니다. 그들은 서로 사랑에 빠졌고 행복하게 살았습니다. 하지만 큐피드는 얼굴을 보여주기 싫다

고 항상 밤에만 돌아오고 아침에는 떠나곤 했습니다. 그래서 그녀는 그의 진짜 얼굴을 한 번도 본 적이 없었습니다.

그녀는 큐피드가 흉측한 괴물일지도 모른다는 사람들의 수군거림에 의심을 품게 됐습니다. 그러던 어느 날 밤 그녀는 한 손에는 촛불을, 다른 한 손에는 단검을 들고 잠든 큐피드에게 몰래 다가갔습니다. 정말 그가 괴물이라면 찔러 죽여야겠다고 생각했지요.

하지만 그때 촛농이 떨어지는 바람에 큐피드는 잠에서 깼고 자신을 믿지 못한 프시케에게 실망하여 영원히 그녀를 떠나버리고 말았습니다.

그녀는 잃어버린 사랑을 되찾기 위해 긴 여정을 떠납니다. 밤새 온 방에 뒤섞인 씨앗을 분리하고, 불을 내뿜는 숫양의 황금 양털을 가져오고, 이승과 저승의 경계를 가르는 강인 삼도천에서 물을 길어 오는 등 여러 가지 시험을 통과해야만 했습니다. 마지막 시험은 지하 세계의 왕비인 페르세포네에게서 아름다움을 한 상자 얻어 오는 것이었습니다. 마침내 그녀는 상자를 가져오는 데 성공했습니다.

여기서 상자를 되찾고 사랑하는 사람을 다시 만나는 결말을 생각했다면 틀렸습니다. 그녀는 상자를 건네받자마자, 눈을 뗄 수 없었습니다.

'이렇게 아름다운 상자가 있다니, 분명히 엄청난 것이 들어있을 거야. 그런데 이걸 왜 남에게 줘야 하지? 적어도 안에 뭐가 있는지는 봐야겠어.'

그녀는 상자를 열었습니다. 하지만 그 상자에서는 아름다움이 아닌 죽음의 잠이 나왔고, 프시케는 죽음의 잠에 빠져들었습니다.

그녀가 쓰러지는 순간, 큐피드가 나타났습니다. 그는 프시케를 안고 올림포스산으로 데려갔습니다. 신들은 논의 끝에 그녀에게 불사의 생명을 주기로 했습니다. 모든 신화의 결말처럼 그들은 행복하게 살았습니다.

이처럼 신화에서도 사람이 변화하려면 매우 힘든 과정을 거쳐야 합니다. 여러 고난을 겪는 것은 변화를 위한 준비일 뿐, 그 자체만으로 충분하지 않습니다. 먼저 죽음을 경험해야 다시 살 수 있습니다.

아마 손이 떨리기 전에도 많은 불안과 자기 의심을 경험했을 텐데, 대부분 당신의 통제하에 있어서 크게 문제가 되지는 않았을 것입니다. 그런데 교육청 장학사들이 공개 수업을 참관하는 그 순간부터 삶의 경계를 넘은 것이죠. 손 떨림은 이제 모든 인생의 좌절과 자기 의심을 담아내는 주제가 되었습니다. '손 떨림을 통제하는 방법'이 당신 삶의 화두가 된 것이죠. 당신은 추방되었고, 이전의 평화를 되찾기 위해서 먼 여정을 떠나야 합니다.

신화처럼 당신도 수많은 어려움을 겪었습니다. 당신은 충분한 용기와 결단력을 가졌으며, 손 떨림을 통제하기 위해 엄청난 대가도 기꺼이 치를 의지가 있습니다. 당신은 직장까지 그만두고 자신을 조정하기 위해 용기를 내어 공원에서 화학 실험을 했으며, 낯선 사람들의 호기심 어린 시선도 모두 감당했습니다. 그리고 그때 당신은 손이 떨리지 않았다는 것을 알게 되었죠. 하지만 앞으로도 그럴지 여전히 걱정하고 있습니다.

이 모든 시험도 매우 중요하지만, 신화 속 이야기에서처럼 씨앗을 분리한다거나 황금 양털을 가져오는 것처럼 작은 관문에 불과합니다. 만약 당신이 다시 자신감과 평온함을 되찾고 싶다면, 마지막 관문을 넘어야 합니다. 과연 마지막 관문은 무엇일까요?

제가 추측하건대 마지막 관문은 어려운 상황에서 손 떨림을 통제하는 것이 아니라, 가끔 손이 떨리더라도 견뎌내고 삶을 잘 살아내는 것입니다.

이것은 마치 '죽음'과 같습니다. 손 떨림을 통제하려는 마음이 죽어야만 다시 살아날 수 있습니다.

지금 당신에게 손 떨림은 고통입니다. 그러나 실제로 당신을 괴롭히는 것은 손 떨림 자체가 아니라, 그것을 통제하려고 애쓰지만 그렇게 하지 못한다는 사실입니다. 여기에는 당신의 많은 부분이 연결되어 있습니다. 여러 사람 앞에서 통제력을 잃는 데 대한 두려움, 힘들었던 어린 시절의 기억 그리고 심각한 자기 의심과 불안 말입니다.

이런 고통에서 벗어나려면, 또 다른 고통을 감당해야 합니다. 그것은 당신이 지금 겪는 불확실한 고통이 아니라, 확실한 고통입니다. 바로 '당신이 긴장하면 손이 떨린다'라는 단순한 사실입니다. 그 사실을 받아들이는 것이야말로 내면의 평온함을 되찾기 위해 당신이 통과해야 할 마지막 관문입니다.

어쩌면 이미 많은 사람이 손 떨림은 큰일이 아니고 가끔 손이 떨려도 아무도 신경 쓰지 않는다고 말했을 것입니다. 하지만 당신은 그들을 믿지 않습니다. 그들이 하는 말의 가벼움과 당신이 느끼는 고통의 무게가 일치하지 않기 때문입니다. 그런데 가끔 그들이 맞을 지도 모른다고 생각해 본 적이 있나요? 만약 그게 사실이라면 어떨까요?

물론 그들이 맞을 수도 있고, 당신의 고통이 더 진짜일 수도 있습니다. 자신의 감정을 믿고 그 고통을 견뎌야 합니다.

친구들에게 가서 실험을 시연할 때 병을 들면 손이 떨린다고 하세요. 학생들에게도 말하고, 면접을 보는 면접관에게도 말하세요. 혹시나 나중에 다시 교육청 장학사들이 공개 수업을 참관한다면, 그들에게도 말하세요. 긴장해서 시약병을 들 때 손이 떨린다고요. 만약 그들이 '어느 정도로 떨리는데요?'라고 물어본다면 보여주세요.

그리고 그들에게 말하세요. 그 외에는 당신이 좋은 교사라는 사실을요. 당신은 학생들을 사랑하고, 가르치는 것을 즐기며, 손이 떨리는 것 빼고는 다 자신 있다고요.

이제 더 이상 손 떨림을 숨기지 마세요. 이제 새로운 학교에 지원하려면 면접을 봐야 하니까 면접관들에게 당신의 미래와 운명을 맡기세요. 만약 그들이 당신을 받아들인다면 감사하는 마음으로 보답하며 열심히 일하세요. 만약 그들이 당신을 거절한다면 그들을 원망하지 말고 다른 학교 면접을 계속 보고, 같은 방식으로 행동하세요.

이것이 당신이 긴 여정에서 겪어야 할 마지막 시험입니다. 어렵지만 저를 믿으세요. 직장을 그만두거나 공원에서 실험 시연을 했던 것보다 어렵지 않습니다. 당신은 그것을 해낼 충분한 용기가 있어요. '만약 그러다가 영영 일자리를 구하지 못하면 어떡하지?'라고 생각할 수도 있겠지만, 그건 그때 가서 생각하면 됩니다. 이 문제를 극복하기 위해 이미 가지고 있던 직업까지 포기했는데, 일할 기회를 잃어버리는 게 무슨 대수겠습니까?

이런 고통 속에서도 삶을 정상적으로 운영하는 법을 배워야 합니다. 저는 그게 가능하다고 생각합니다. 당신 인생은 실험 기구만 만지작거리다가 끝나지 않을 테니까요.

공원에서 단순히 실험만 하는 게 아니라 꽃을 감상하고, 새를 보고, 햇볕도 쬐잖아요? 그런 시간 틈틈이 책을 읽고, 여행도 하고, 좋은 사람을 만나고, 맛있는 음식을 먹고, 그동안 배우고 싶었는데 시간이 없어서 배우지 못한 것들을 배우세요. 역시 좋은 사람을 만나 연애를 시작한다면 더 좋겠죠.

"실험할 때 손이 떨린다는 사실을 그가 알게 되면 어떻게 하죠?"

"어쩌면 손 떨림을 신경 쓰지 않는 착하고 좋은 사람을 만날지도 모르잖아요? 게다가 당신은 집에서 실험하지 않을 테니까요."

당신의 새로운 소식을 기다리겠습니다. 즐거운 하루 보내세요.

생각과 실천

♥ 지금 당장 따라 해보기

1 변화 뒤에 숨겨진 감정에 주목하자

때로는 변화에 대한 충동이 눈에 보이지 않는 감정으로 표현될 때도 있다. 이런 감정에 귀 기울이고, 이해하고 배려하는 것은 예상치 못한 변화를 몰고 올 수 있다.

① 당신이 정말로 변화하고 싶을 때, 그 변화 뒤에 숨겨진 감정은 무엇인가?

② 기억 속에서 이런 감정을 느낀 적이 있는가? 그때 무슨 일이 일어났나?

③ 그런 감정을 느낄 때 누가 당신을 위로해 줄 수 있을까? 그 사람은 뭐라고 말해줄까?

2 다른 사람에게 당신의 걱정을 알리자

당신은 다른 사람이 당신을 어떻게 생각할지 걱정한다. 다른 사람이 당신을 평범하다거나, 소심하고 재미없고 이기적이라고 생각할까 봐 걱정하는가?

① 당신은 누구의 평가를 가장 신경 쓰는가? 친구인가? 가족인가? 직장 동료인가?

② 어떤 방식으로든 그가 당신을 그렇게 생각할 것이라는 걱정을 그에게 이야기해 보자. 그가 어떻게 반응하는지 관찰하고, 그 과정에서 일어난 당신의 감정을 적어보자.

3　걱정하던 일이 실제로 일어나게 해보자

① 당신이 가장 걱정하는 것은 무엇인가? 발표할 때 긴장하거나 비웃음을 당하는 것을 걱정하는가? 아니면 누군가와 다투거나 공개적인 자리에서 실수하는 것을 걱정하는가?

② 의도적으로 당신이 걱정하는 일이 일어나게 해보자. 만약 발표할 때 긴장해서 땀이 나는 것이 걱정된다면, 일부러 발표할 때 긴장하고 땀을 흘려보자. 비웃음이 걱정되면, 일부러 상대가 비웃을만한 일을 해보자. 그 과정에서 일어난 당신의 감정을 적어보자.

♥ 당신에게 하고 싶은 질문

① 직접 해결하지 않았는데, 상황이 자연스럽게 나아진 적이 있는가? 그 문제는 어떻게 해결되었나?

② 열심히 문제를 해결하려 했지만, 상황이 더 악화된 적이 있는가? 그 문제는 어떻게 악화되었나?

③ 당신의 가장 큰 장점은 무엇인가? 가장 큰 단점은 무엇인가? 이 두 가지 사이에 어떤 연관성이 있는가?

④ 어떤 상황에서 당신의 단점이 나쁜 것이 아니라, 오히려 좋은 것으로 작용할 수 있는가?

⑤ 당신이 가장 두려워하거나 불안해하거나 걱정하는 것은 무엇인가? 이 문제가 어떻게 더 악화할 수 있을까?

⑥ 만약 당신이 아닌 친구가 이 문제로 걱정하고 있다면, 그의 걱정에 대해 어떻게 생각할 것 같은가?

① 이 문제를 해결하기 위해 나는 어떤 시도를 해왔나? 어떤 시도가 효과가 있었고, 어떤 시도가 효과가 없었나? 또 어떤 시도를 해볼 수 있을까?

② 이 문제를 해결할 수 없다면 내 삶을 개선하기 위해 무엇을 할 수 있을까?

③ 기적이 일어나 내가 가장 고민하는 문제가 사라졌다고 가정해 보자. 하지만 나는 그 사실을 모른다. 삶의 어떤 부분을 통해 그 기적이 일어났다는 것을 알 수 있을까?

④ 기적이 일어나서 내가 가장 고민하는 문제가 더 이상 존재하지 않는다면, 나는 어떻게 인생을 계획할 것인가?

4장

어떻게 끝내고
어떻게 시작할 것인가?

나의 시작 속에 나의 끝이 있다.

— T. S. 엘리엇(T.S.Eliot)

진정한 끝맺음이
어려운 이유

마지막으로 변화가 일어난 때가 언제였는지 기억나는가? 취업에 성공했거나 퇴사했을 때인가? 연애를 시작하거나 이별했을 때인가? 병을 앓았거나 회복했을 때인가? 꿈을 찾았거나 포기했을 때인가? 이러한 삶의 변화를 어떻게 극복하고 지금의 당신이 되었는지 기억하는가?

때때로 기억은 우리의 과거를 부드러운 곡선으로 그려내 인생이 하나의 연속적인 과정이라고 착각하게 만든다. 하지만 실제로 인생은 단절의 연속이다.

중대한 변화가 우리 앞에 나타날 때, 평온했던 일상에 갑자기 태풍이 불어와 엄청난 혼란을 몰고 온다. 그때 우리는 세상의 무상함을 개탄하면서도 어찌할 바를 모른다.

어떻게 하면 빨리 새로운 삶을 시작할 수 있을까?

윌리엄 브리지스William Bridges는 그의 저서 『내 삶에 변화가 찾아올 때』에서 변화를 '끝-중립지대-새로운 시작'이라는 세 단계로 나눈다. 변화와 변환을 구분하여 사용해야 하는데, 브리지스에 따르면 변환은 부서 이동, 퇴사, 이별 같은 변화를 자신의 삶 속으로 받아들이기 위해 겪어야만 하는 과정이라고 정의한다. 변환의 출발점은 과거의 상황에서 벗어나는 것, 즉 끝이다. 대부분 사람은 앞의 두 단계를 건너뛰고 바로 새로운 시작 단계로 가고 싶어 한다. 그들은 '끝'에 대해 잘 알지 못하거나 별로 관심이 없다. 그저 일이 끝나면 정말 끝난 것으로 생각한다. 무엇보다 중요한 것은 다시 일어서서 새출발을 하는 것이지, 과거를 돌아보는 것이 아니라고 생각하기 때문이다. 끝난 뒤에 숨은 의미를 깊이 고민하는 사람은 드물다. 그리고 우리 삶이 끝 단계에 갇혀 있으므로 다음 단계로 나아가지 못한다는 사실을 아는 사람은 더 드물다.

한 여성이 인터넷에 질문을 올렸다. 남자친구는 술, 담배를 즐기고 밤새 게임을 하고, 미래에 관한 이야기는 거의 하지 않으며 가끔 폭력도 행사한다는 내용이었다. 그녀는 그가 자신을 사랑하지 않는 것 같지만, 오랫동안 만난 사이라 그를 떠나기가 쉽지 않다며 이제는 정말 헤어져야 할지 고민이 된다고 했다.

그녀의 글 아래 댓글이 하나 달렸다. 매우 간결했다.

'당신도 이미 답을 알고 있잖아요. 단지 아플까 봐 두려운 거죠.'

끝이 어려운 이유는 고통을 두려워하기 때문이다. 그래서 우리는 그 두려움을 회피하려고 끝을 심리적으로 연장하려고 한다.

모든 변환은 끝과 함께 시작된다

남자친구와 헤어진 지 3년이 넘은 내담자가 찾아왔다. 그녀는 아직도 매일 출근길에 전 남자친구의 SNS를 확인한다. 그의 SNS는 아내와 아이들 사진, 현재의 행복한 모습이 담겨있다. 당연히 그녀의 흔적은 없다. 그런데 그녀는 그걸 볼 때마다 깊은 슬픔에 빠진다고 말했다.

나는 왜 그녀가 자신을 그런 상황으로 몰아가는지 이해하지 못했다. 그러던 어느 날, 그녀가 속마음을 털어놓았다.

"이제 전 남자친구에게서 저의 흔적을 찾아볼 수 없어요. 하지만 제가 여전히 슬프다면 그 관계는 아직 남아있다는 뜻 아닌가요? 제가 정말 괜찮아지면 그제야 그 관계가 진짜 끝나는 거겠죠."

그녀는 끝이 났다는 고통을 견디기보다 차라리 슬픔에 머무는 것이 더 낫다고 생각했다. 후자의 고통이 훨씬 더 크기 때문이다.

이와 비슷한 생각을 하는 여성을 만난 적이 있다.

"남자친구와 헤어졌어요. 하지만 저는 끝내고 싶지 않아요. 고통에서 벗어나고 싶지도 않고요. 아예 끝을 내면 배신한 것처럼 느껴져요. 괴롭더라도 과거에 머무는 게 더 나아요."

과거에 남아있는 것이 왜 좋을까? 아마도 과거에는 여전히 우리의 마음속에서 희미한 희망이 살아있었기 때문이다. 우리는 그것으로 외로움과 싸우려고 한다. 끝을 인정한다는 것은 우리가 사랑했던 사람을 영원히 잃었다는 것을 진심으로 받아들이는 것이다.

물론 모든 사람이 그런 태도를 보이는 것은 아니다. 내가 아는 또 다른 여성은 오래 사귄 연인과 헤어진 뒤, 자기 연민에 빠지거나 원망하는 모습을 한 번도 보여준 적이 없다. 오히려 일에 집중해서 3년 만에 관리자로 승진했다.

다만 그녀는 이별을 겪은 뒤, 다시는 연애를 하지 않았다. 연애에 대해 더는 흥미를 느끼지 못하는 것 같았다.

이별을 깔끔하게 끝낸 것 같지만, 나는 그녀의 마음속은 아직 정리가 덜 된 부분이 있을 거라는 생각이 들었다. 단지 아픔을 숨겼을 뿐이다.

그렇다면 우리는 어떻게 진짜 끝났다는 것을 알 수 있을까?

나에게는 두 가지 기준이 있다.

첫 번째는 그 사람이 원하는 것을 추구할 의욕이 남았는지 확인하는 것이다. 나는 좌절을 겪은 뒤, 그들의 삶에서 사람과 일에 대한 우선순위를 재정립하는 사람들을 봐왔다. 그들은 가족과의 관계를 더 중요시하거나 자신의 자유를 더 소중하게 여기면서 상대적으로 물질적인 것은 멀리했다. 말하자면, 만약 어떤 사람이 좌절을 겪은 뒤 일을 하거나 돈을 벌고 싶지 않고, 모든 것에 지쳐 사랑하지 않게 된다면 그것은 끝이 아니라는 것이다. 좌절이 마음속에 고통으로 자리 잡고, 그 이후의 모든 삶이 그 고통을 피하려고 애쓰기만 한다면, 고통이 삶을 지배하게 된다. 진정한 끝은 그 고통을 서서히 소화하고 앞으로 나아가는 힘으로 전환하는 것이다.

두 번째 기준은 그 사람이 여전히 보상받으려 기대하고 있는지를 보는 것이다. 만약 그 사람이 어떻게 보상받을지 생각한다면, 아직 완전히 끝나지 않은 것이다. 가끔은 상실을 있는 그대로 인정해야 비로소 진정으로 내려놓고 새로운 상황의 자신과 가능성을 발견할 수 있다. 원하든 원치 않든, 상실을 깨달은 후에야 비로소 새로운 시작을 할 수 있을 것이다.

넘어진 자리에서 다시 일어나거나 포기하거나

우리는 어려서부터 '어디서 넘어지든, 넘어진 자리에서 다시 일어나라'고 배웠다. 넘어졌던 곳이 구덩이일지라도 말이다. 이 말에 담긴 의미는 버티는 것은 용감하지만 포기하는 것은 나약하다는 것이다. 하지만 우리는 어디서 넘어지든, 넘어진 자리를 포기하는 방법도 배워야 한다. 실패를 인정하고 받아들여야 비로소 새로운 곳에서 다시 시작할 수 있다. 물론 말처럼 쉽지 않다. 때로는 포기가 버티는 일보다 더 많은 용기를 요구한다.

끝을 맺는 것은 상실을 받아들이는 행위를 포함하기 때문에 언제나 어렵다. 우리가 끝맺음에서 잃는 것이 정체성이든, 습관이든, 관계든 결국 우리는 옛 자아를 잃게 된다. 그것을 잃는 것은 우리의 일부가 사라지는 것과 같다.

하지만 이는 자연의 섭리와 같다. 가을과 겨울의 황량함을 겪지 않으면, 봄과 여름의 생기는 존재하지 않는다. 우리의 삶도 이렇게 순환하며, 끊임없이 새로운 자아로 성장해야 한다.

내가 좋아하는 영화 〈러브레터〉에는 바로 이런 이야기가 담겨있다. 영화 속 여주인공 와타나베 히로코는 약혼자의 죽음이 드리운 그림자에서 벗어나지 못했다. 그녀는 약혼자의 졸업 앨범에 있는 주소로 편지를 보냈고, 동명이인의 수신자로부터 답장을 받았다. 그녀는 천국에서 보낸 편지라고 믿으며 뛸 듯이 기뻐했다.

편지를 보낸 이는 고인이 된 그녀의 약혼자가 아닌, 약혼자의 첫사랑이자 그녀와 닮은 다른 여자였다. 이것은 또 다른 끝에 관한 이야기다. 그녀의 약혼자는 고등학교 시절 이 여자를 짝사랑했는데, 히로코에게 첫눈에 반한 이유가 바로 그녀 때문이었다.

이야기의 결말에서 히로코의 새로운 남자친구는 그녀를 데리고 약혼자가 사고를 당한 눈 덮인 산으로 간다. 그녀는 남자친구의 손을 잡고 불안하게 말한다.

"이건 아니야, 그를 방해하고 싶지 않아. 돌아가자."

하지만 그날 아침, 히로코는 신성하고 평화로운 눈 덮인 먼 산을 바라보며, 억눌렸던 슬픔을 터트렸다. 그녀는 눈 덮인 산을 향해 외친다.

"잘 지내나요? 나는 잘 지내요."

그 순간, 그녀는 마침내 죽음의 슬픔을 직면했다. 그녀의 남자친구는 산 이편에서 미소를 지으며 그녀를 바라보고 있다. 산 저쪽은 끝, 산 이쪽은 시작이다. 삶은 마음을 아프게 하면서도 이상한 평온함이 깃든 슬픔 속에서 계속해서 나아간다.

그렇다면 어떻게 끝내야 할까? 상실을 인정하고 슬퍼하며, 혼란스러워하고, 목 놓아 울어야 한다. 그리고 비록 지금은 보이지 않더라도 새로운 미래가 있을 것이라고 고집스럽게 믿어야 한다.

끝-중립지대-새로운 시작, 삶은 이렇게 순환하며 계속 이어진다.

모든 끝은
새로운 시작이다

오래전에 나는 극기 훈련 강사로 일한 적이 있었다. 극기 훈련은 일반적으로 인위적인 두려움을 만들어내고, 그 두려움을 극복함으로써 용기와 자신감을 얻도록 하는 훈련이다.

그중에서 가장 대표적인 프로젝트는 '끊어진 다리'라는 것인데, 8미터 높이의 공중에 좁은 나무판 두 개가 깔려있고, 나무판 사이에는 약 1미터의 간격이 있다. 참가자는 나무판 한쪽 끝에서 힘껏 뛰어 다른 쪽 끝으로 점프해야 한다. 내 임무는 그 끊어진 다리 한쪽 끝에서 참가자들을 격려하고 위로하는 일이었다. 보통 참가자들이 8미터 높이에 올라가는 순간 이미 긴장하게 마련이고 게다가 좁은 나무판 위에 서기까지 하면, 다리가 떨리기 시작한다. 그 나무판 끝에서 한참을 불안하게 서있는 사람도 있고, 갑자기 착한 사람으로 살겠다며 회개하는 사람도 있다.

시간이 흘러 나에게도 변화가 필요했던 시기가 있었는데, 그때 나는 이 끊어진 다리에서의 경험을 떠올리곤 했다. 이쪽으로 가고 싶은지, 저쪽으로 가고 싶은지, 아니면 그사이 어디쯤 불확실한 상태에 있고 싶은지. 변화에 직면했을 때 우리의 상황을 보여주는 것 같았다. 끊어진 다리가 어려운 점은 가고 싶은 곳에 도달하기 위해서는 먼저 자신이 서있는 자리를 포기해야 한다는 것이다. 그 후 불확실한 경험을 겪어야 비로소 가고 싶은 곳에 도달할 수 있다. 끊어진 다리보다 더 어려운 것은 자신이 어디로 갈 것인지 명확하게 알 수 없다는 것이다. 자신과 미래에 대한 믿음에 의지하여 눈을 감고 앞으로 나아갈 수밖에 없다.

커다란 변화 앞에서 느낀 상실감

올해 내가 겪은 가장 큰 변화는 대학을 그만둔 일이다. 수많은 불안과 혼란을 겪은 후, 이제야 천천히 모든 것이 이해되기 시작했다.

나는 저장대학교를 떠나기 전에 3년 넘게 박사 과정을 밟았고, 이후 몇 년 동안 그곳에서 일했다. 나는 그곳의 학생들을 좋아했다. 기이하고 이상한 질문으로 상담하러 오는 학생도 있었지만, 저마다 특별한 재능과 포부를 가지고 있었다. 나는 '긍정 심리학'이라는 교양 선택 과목을 열었는데, 이 수업의 강의 평가가 꽤 좋았고, 교수 평가

점수도 항상 4.9점 이상이었다. 누군가가 내가 저장대를 떠난 이유가 불만이 있어서냐고 물었을 때, 절대 그렇지 않다고 말했다. 나는 누구보다 학교에 깊은 애정을 품고 있으며 나의 정신적인 고향으로 생각한다.

그래서 내가 저장대학교를 떠난 이유를 설명하는 것이 참 어렵다. 오랜 시간 치밀한 계획에 따라 행해진 것이 아니라, 마치 우연히 일어난 사건처럼 느껴졌다. 말할 수 있는 이유라면 아마도 내가 천성이 자유롭고 그 일이 상근을 요구하는 등 제약이 많았기 때문이다. 말하지 않은 이유는 마음속 깊이 묻어두겠다. 가슴 아픈 연애를 하고 이별한 사람처럼 누군가가 나에게 헤어진 이유를 물어본다면 나는 아무렇지 않게 대답할 것이다.

"응, 그녀는 좋은 사람이었어."

그 당시 나는 지식공유 플랫폼에 글을 쓰기 시작하면서 몇몇 사람에게 알려지기 시작했다. 매우 재능 있고 개성 넘치는 친구들과 함께 '심리학 네 이놈!心理学你妹'이라는 팟캐스트를 운영했다. 나는 항상 해야 할 일이 많다고 느꼈고, 그럴수록 자유에 대한 갈망이 점점 커졌다. 사무실 내 권력 다툼과 경쟁이 점점 더 참기 힘들어졌다.

그렇다고 떠날 수는 없었다. 저장대학교에 나를 따르는 똑똑한 학생들이 너무 많았기 때문만이 아니라, 사택을 제공받을 수 있었기 때문이다. 저장대학교의 아름다운 캠퍼스 옆에 120제곱미터 크기의 큰 집이었는데, 몇 주 후 배정을 시작해서 2년 후에 완공되면 새

집으로 들어갈 수 있었다. 사택 배정 명단에 내 이름이 올라왔고, 나름대로 꽤 앞 순위였다.

물론 그 집에 대한 기대가 없었다고 하면 거짓말이다. 저장대학교의 아름답고 드넓은 잔디밭을 지나며, 한창 싱그러운 학생들을 보면서 언젠가 내 딸이 자라 이 길을 거닐고, 도서관에서 과제를 하고, 강의실에서 강의도 듣고, 나와 함께 캠퍼스를 걷다가 집으로 돌아가는 모습을 상상하곤 했으니 말이다.

그래서 사직서를 제출하고 저장대학교 정문을 나서는 순간, 다시는 이곳에 속하지 않을 거라고 생각하니 매우 우울했다.

운명은 언제나 일상 속에 숨겨져 있다가 깊은 변화가 찾아올 때 비로소 그 실체가 드러난다. 그때 나는 운명을 살짝 들여다본 듯한 기분이 들었다.

그러나 이러한 통찰이 변화를 겪는 고통을 덜어주지는 못했다. 한순간에 모든 것이 달라졌다. 이전의 삶은 끝나버렸고, 새로운 삶은 아직 오지 않은 상태에서 나는 그 자리에 남겨져서 어떻게 해야 할지 몰랐다.

그리고 상실감은 점점 더 현실적으로 다가오기 시작했다.

사직서를 제출한 뒤 얼마 지나지 않아 한 통의 전화를 받았다. 부동산 담당 선생님이었다.

"여보세요? 왜 집을 고르러 오지 않으세요?"

그날이 집을 선택하는 날이었다는 것이 생각났다. 당시 나는 이미 사직서를 제출했지만, 아직 공식적으로 수리가 되기 전이라 원칙적으로는 여전히 저장대학교 직원이었다.

무슨 말을 해야 할지 몰랐다. 담당자의 말에 긴 침묵이 깨졌다.

"아, 하반기에 진급하시면 더 큰 집으로 받으려고 하시는군요!"

그녀는 드디어 그럴듯한 이유를 찾았다는 듯 기분 좋게 전화를 끊었다.

하지만 그 후로 나는 불면증에 시달렸다. 한밤중에 일어나 자꾸 이 일을 곱씹었다. 나에게 무슨 일이 일어난 것인지, 왜 다른 사람들의 삶은 그렇게 순조로운데 나는 이렇게 많은 고비를 만나야 하는지. 다른 사람들은 상식으로 충분히 판단할 수 있는 일을 나는 왜 몸소 경험하고 나서야 그 고통을 깨닫는 것인지 알 수 없었다.

나는 퇴사 소식을 아무에게도 알리고 싶지 않았다. 나의 퇴사를 지지해 준 친구들에게도 화를 냈다. 친구들은 그저 나의 결정을 응원해 준 것뿐인데 말이다. 그들은 티를 내지 않았지만, 무척이나 억울해했다. 하지만 그들에게라도 화를 내지 않으면 정말 너무 고통스러워서 버틸 수 없을 것 같았다.

그 시기에 내 SNS에는 자주 '현실에서 희망 메시지에 당한 사례가 있나요?'라는 질문이 올라왔다. 나 또한 『내 영혼을 위한 닭고기 수프』의 가장 큰 피해자라고 생각했기 때문에 몇 번이나 답변하고 싶었다. 나에게는 그럴만한 충분한 자격이 있다고 생각했다.

나에게 저장대학교를 떠나면서 마주한 진짜 위험은 시세보다 수백만 위안이나 저렴한 집을 잃은 것이 아니라 그것을 빨리 되찾고 싶다는 생각이었다. 한동안 부동산 뉴스에 관심을 두고 부동산 가격이

폭등하면서 내 마음의 손실은 몇백만 위안보다 훨씬 더 크게 느껴졌다. 나는 이 돈을 다시는 벌 수 없을 것 같았다.

나는 SNS에 칼럼을 쓰고 있어서 나름대로 팬도 있었다. 저장대학교를 떠날 때, 나는 이러한 사람들에게 심리 상담을 제공함으로써 생계를 꾸려나갈 수 있다고 생각했다. 마치 저장대학교에서 했던 것처럼 상담하고, 수업하고, 그룹 세션을 운영하면서 말이다. 그렇게 사람들에게 도움이 되는 일을 착실히 해나가면 된다고 믿었다.

하지만 당시 나의 칼럼과 공공 계정은 자주 업데이트가 중단되곤 했다. 글을 쓸 수 없었다. 첫 번째 이유는 글 쓰는 것이 너무 하찮고 소소하게 느껴졌고, 더 많은 돈을 벌어야 한다고 생각했다. 두 번째 이유는 마음속 깊은 곳에서 자꾸만 '너 같은 평범한 사람이 할 수 있는 일이 아니잖아'라는 목소리가 끊임없이 괴롭혔다.

나는 경솔하고 의심이 많았다. 큰일도 할 수 없고 작은 일마저 못한다는 것은 매우 위험했다.

스스로 계속 같은 말만 반복했던 것 같다.

"자꾸 집 생각만 할 거면 그냥 집을 사. 딸에게 저장대만큼 좋은 교육 환경을 제공할 순 없어도 최소한 딸이 너무 큰 영향을 받지 않도록 할 수는 있잖아."

선배 부부가 내 상황을 알게 되었다. 그들은 항저우를 떠나 베이징에서 살고 있었고, 마침 처분해야 할 집이 하나 있었다. 선배가 말했다.

"괜찮다면 그 집을 너에게 팔게."

그 집은 지은 지 오래된 탓에 엘리베이터도 없었다. 6층까지 계단으로 오르내리는 일이 만만치 않을 것 같긴 했지만, 무엇보다 학군이 좋았다. 나는 그때 내가 낼 수 있는 최대한의 가격을 제시했다. 선배는 아내와 상의해 보겠다고 하고 30초 후에 바로 대답이 왔다.

"좋아."

계약서를 쓰기로 한 날, 부동산 중개인이 그 집을 마음에 들어 하는 고객이 있다며 선배의 아내에게 계속 전화를 했다. 선배의 아내는 단호하게 거절했다.

"그 집은 이미 팔렸습니다."

중개인은 구체적으로 얼마에 팔렸는지 물었다.

"저희 쪽 고객이 더 높은 가격을 제시해서요."

나중에 알게 된 사실이지만, 그 고객이 제시한 가격은 내가 제시한 가격보다 훨씬 더 높았다.

나는 너무 미안해서 그녀에게 고마움을 표했다. 그녀의 대답이 더 따뜻했다.

"우리는 가족이잖아. 그렇게 부담 갖지 마."

집을 얻은 후, 가족들과 모여서 집을 어떻게 꾸밀지 논의했다. 리모델링한 지 10년이 넘은 집이라 조금 낡았지만, 그럭저럭 살 수 있었다. 그 말은 6층이라 생활하기에 불편하니 몇 년만 살다가 다른 곳으로 이사하는 게 좋겠고, 어차피 옮겨갈 거라면 굳이 새로 인테리어를 하지 않아도 된다는 말이었는데, 결국 그렇게 되지는 않았다.

4장
———

"그래도 인테리어는 새로 하자. 왠지 여기에 꽤 오래 살 것 같아."

그렇게 전기 공사와 바닥 공사를 시작했다. 시끄러운 공사 소리에 뒤죽박죽 어지러웠던 공간들이 점차 정돈되기 시작했고, 나 또한 내 삶을 정리하기 시작했다.

남은 삶 동안 단 한 가지 일만 할 수 있다면

내가 사직했다는 사실이 실수로 어머니께 알려졌다. 어머니 세대가 다 그렇겠지만, 왜 내가 그런 선택을 했는지 이해하지 못하셨다. 특히 집을 받을 수 있는 중요한 시기여서 더더욱 그러셨을 거다. 어머니는 몇 번이고 나를 설득하려 했고, 소용이 없자 이렇게 말씀하셨다.

"아들아, 인생은 진짜 짧아. 모든 사람의 득실은 이미 다 정해져 있으니 살면서 행복하기만 하면 돼. 네가 행복하다고 느끼면 그렇게 해."

그리고 바로 이어서 말씀하셨다.

"그런데 네가 학교를 그만뒀다는 사실을 절대로 다른 사람에게 말하지 마라. 그렇지 않으면 사람들이 너한테 상담받으러 오지 않을 거야."

나는 어머니가 나중에 하신 말씀이 진짜 속마음이라고 생각했다.

어느 날 한 통의 전화를 받았다.

"천 선생님, 친구 소개로 연락드렸습니다. 우리 아이가 대학에서 정서적으로 어려움을 겪고 있는데, 상담받을 수 있을까요?"

예전에는 아무래도 내가 저장대학교에서 일하다 보니 그래서 찾아온 내담자가 많았다. 그런데 이 전화를 받았을 때, 나는 본능적으로 그 아이가 무슨 문제를 겪고 있는지를 묻기보다 지금 내 상황에 대해 먼저 이야기했다.

"제가 학교를 그만둔 걸 알고 계신가요?"

"알고 있는데 괜찮습니다. 저희는 선생님을 믿어요."

그들은 내가 소속된 기관 때문에 나를 신뢰한 것이 아니라, 나라는 사람 자체를 신뢰했던 것이다. 이 말은 나에게 어느 정도 자신감을 심어주었다.

어떤 글을 써야 할지 한참 고민하던 중 내 위챗 팔로워들이 가끔씩 자신들의 고민을 이야기하는 댓글을 남겼다. 나는 이들에게 답장을 쓰기 시작했다. 답장을 쓰면서 그 사람이 내 앞에 앉아서 자신의 고민을 털어놓는 모습을 상상했다. 이런 식의 답장은 입소문이 나는 데 큰 도움이 되지 않았다. 사람들은 언제나 자기 문제에만 관심이 있지, 다른 사람의 문제에는 별로 신경을 쓰지 않았다. 하지만 답장을 받는 사람만큼은 분명 내 답변을 소중하게 생각할 것이라고 확신했다.

그 시기에 내 베개 옆에 두었던 책이 윌리엄 브리지스의 『내 삶에 변화가 찾아올 때』였다. 그 책에 이런 이야기가 나온다.

오디세우스는 고대 그리스의 영웅으로, 용맹스럽고 뛰어난 전사였다. 그는 유명한 트로이 전쟁에서 승리를 거둔 뒤, 전사들을 이끌고 집으로 돌아가려고 했다. 하지만 예상했던 3주의 여정은 10년으로 길어지고 말았다. 그는 자신이 삶의 어떤 신비로운 경계를 넘어섰다는 것을 깨달았다. 예전에 익숙했던 전투 방식이 더는 통하지 않았다.

오디세우스와 그의 전사들은 어느 작은 어촌에 도착해 술과 음식을 약탈하고는 술에 취해 인근 부족에게 포로로 붙잡히고 만다. 그러다가 바다의 거인 같은 온갖 괴물을 만나게 되었다. 그가 할 수 있는 유일한 일은 도망치는 것뿐이었다.

오디세우스가 처음 집으로 돌아갈 때만 해도 배가 열두 척이었는데, 나중에는 세 척으로 줄었다. 그리고 집에 거의 다다랐을 때, 마지막 배마저 침몰하고 말았다. 그는 겨우 배의 잔해를 붙잡고 해안으로 떠내려갔다. 이 위대한 영웅은 강력한 함대를 이끌고 출발했지만, 마지막에는 나무 조각에 의지한 채 어린아이처럼 탈출할 수밖에 없었다. 그는 모든 것을 잃고, 혼자 남게 되었다.

이때의 오디세우스는 자신만만한 영웅이 아니라, 그저 집으로 돌아가고 싶은 나그네에 불과했다. 그에게는 이제 겸손함과 침착함이라는 또 다른 힘이 생겼다.

나는 늘 계속해서 심리적 안전지대를 확장하고, 장애물을 극복하며, 성공을 이루는 그런 나의 이야기를 만들어갈 수 있기를 바랐다.

3~5년 후에는 그렇게 될 수도 있겠지만, 어쩌면 더 긴 시간이 필요할 수도 있다. 하지만 그것은 먼저 다른 이야기가 되어야 했다. 상실 속에서 얻는 이야기, 혼란 속에서 차분함을 찾는 이야기 그리고 점차 진정한 나 자신을 발견하는 이야기. 내가 상상했던 것만큼 훌륭하지 않을 수 있지만, 그래도 다른 사람에게 안정감을 줄 수 있을 것이다. 만약 내 능력이 단순한 일을 할 정도밖에 되지 않는다면, 단순한 일을 하겠다. 다만, 그 일이 가치가 있다면 말이다.

다행히 나에게는 돌아갈 집이 있지 않은가.

나는 이렇게 천천히 할 일을 해나갔다. 그사이에 이상한 리얼리티 프로그램에서 1년간 심리 자문을 맡기도 했다. 머릿속에는 자꾸 무슨 생각들이 떠오르곤 했는데, 그게 신뢰할 만한 생각일 때도 있고 아닐 때도 있었다. 그러나 늘 뭔가 부족하다는 느낌을 떨칠 수 없었다. 그동안 나 자신에게서 어떤 변화를 느낄 수 있었다. 덜 고민하게 되었고, 상담 실력도 조금씩 나아졌다. 몇 번은 괜찮아졌다고 생각하다가도 가끔 찾아오는 불안과 우울함은 나에게 여전히 완벽히 회복되지 않았다는 사실을 깨닫게 하고 현실을 직시하게 했다.

마음이 허전하고 무기력할 때면 자신에게 묻곤 했다.

'만약 앞으로 남은 삶 동안 한 가지 일만 할 수 있다면 무엇을 하고 싶은가?'

물론 나는 계속 심리 상담을 할 것이다. 그런데 나는 정확히 어떤 심리 문제를 다루고 싶은 걸까?

어느 날 문득, 나는 그 답을 얻었다. 그 답은 오랫동안 내 마음속에 숨어있다가 이제 때가 되었는지 천천히 모습을 드러냈다.

남은 인생을 오직 한 가지 일에만 쓸 수 있다면, 아마 나는 사람들이 '끝'의 고통에서 벗어나 변화를 이루어 새로운 삶으로 나아가는 방법을 찾는 데 집중하고 싶다. 이 문제는 나 자신의 문제일 뿐만 아니라 다른 많은 사람의 문제이기도 하다. 나는 변화의 시기를 맞으며 혼란을 겪었던 많은 내담자가 떠올랐다. 삶이 갑자기 반으로 나뉘면서 그 변화의 단층에 남겨져 당황하고 어찌할 바를 몰랐다. 이전에도 이러한 변화의 고통을 알고는 있었지만, 제대로 공감하지는 못했다. 그러나 이제 나도 그들과 같은 편에 서있다.

그 순간, 내가 겪은 고통도 유의미해졌다.

그 후로 나는 몇 가지 시도를 시작했다. SNS에서 '어떻게 끝내고, 어떻게 시작할 것인가'라는 제목으로 라이브를 진행했다. 이 방송은 유료 서비스였다. 시작하기 전에는 플랫폼 라이브 채널 서비스가 거의 무료였기 때문에 아무도 오지 않을까 걱정했다. 하지만 그날 라이브에 1,800명이 넘는 사람이 들어왔고, 많은 이가 삶에서 겪은 변화와 고통에 대해 나와 대화를 나눴다. 라이브가 끝난 뒤에도 많은 사람이 그 방송에서 깨달음을 얻었다며 긍정적인 피드백을 보내주었다.

이 글을 쓰는 지금, 나는 독자들이 이 일이 단지 시작에 불과하다는 것을 이해해 주길 바란다. 큰소리치긴 했지만, 사실 아직 한 일은 별로 없다. 여러분이 내가 진짜로 무엇을 했는지 알려면 아마도 다음에 내가 쓸 '변화'에 관한 책을 읽어보면 된다. 하지만 나에게 이 '시작'이 더 깊은 의미를 지닌 이유는 나를 오랫동안 괴롭히고 고통스럽게 했던 일이 마침내 내 마음속에서 서서히 끝나가고 있기 때문이다.

진짜 나로 산다는 것의
의미

저장대학교 마지막 수업에서 학생들에게 작별 인사를 하며 연설을 했다. 그중 한 구절을 가져왔다.

사무실에서 일어나는 온갖 술수와 경쟁은 사실 사소한 문제입니다. 하지만 제가 사직을 결심한 이유는 그런 일들에 굴복하게 되면 강의나 글을 쓸 때 자꾸 마음에 걸리는 게 있어서입니다. 저는 자신을 의심하게 되고, 여러분에게 전하는 저의 말이 진실한지 의심하게 됩니다. 그런데 이제는 말할 수 있습니다. 제가 마음의 소리를 따라야한다고 말할 때, 계속해서 심리적 안전지대를 벗어나라고 말할 때, 선택이 어려운 이유는 포기를 배우지 못해서라고 말할 때, 자유로운 마음이 소중하다고 말할 때, 저는 진실했습니다. 앞으로 성공할지 어떨지 모르겠지만, 적어도 쉬운 길과 어려운 길 중에서 저는 어려운 길을 선택하기로 했습니다. 왜냐하면 그 길이 자유롭기 때문입니다. 그 길이 절대 쉽지는 않겠지만 저는 여러분을 위해 그 길을 먼저 걸어보려고 합니다.

저는 항상 재미있는 사람이 되고 싶었습니다. 재미있다는 것은 세상의 사소함과 지루함에 맞서는 것이기 때문입니다. 재미있는 사람이 되려면 항상 뭔가 다른 선택을 해야 하고, 세속적인 대가를 치러야 합니다. 저도 가끔은 이런 작은 자부심을 위해 그렇게 큰 대가를 치르는 것이 맞는지 의문이 들기도 합니다. 하지만 다행히도 재미는 그 자체로 보상이 되어줍니다.

어두운 밤, 발코니에 서서 도시의 불빛을 바라보고 있으면 그렇게 재미있게 사는 사람들은 어디에 있을까 하고 생각하곤 합니다. 그들은 사방에 흩어져 있지만 한 마리 개미가 다른 개미를, 한 포기 풀이 다른 풀을 알아보듯이, 외로운 여행자가 다른 외로운 여행자를 알아보는 것처럼 서로를 알아봅니다. 그들은 미약하게나마 자신의 이상을 고집스럽게 지켜나갑니다. 그 이상은 희미하게 보일지 모르지만, 절대 사라지지 않습니다. 그들은 서로 만나서 함께 강물이 되어 흐르는 것에 감사합니다. 그들은 세상의 소금처럼 삶에 맛을 더해줍니다.

세월이 지나 이 문장들을 되돌아보면, 당시 잠깐의 격앙 속에 담긴 영웅주의적인 감정은 빼고 싶을 것 같다. 하지만 나는 여전히 진심이었다. 하지만 내 학생들과 독자들은 내가 그런 방식으로 본보기가 되기를 원하지 않았다. 그들에겐 각자의 삶이 있으니까. 애초에 내가 그렇게 한 것도 그들을 위해서가 아니었다.

결국 가장 중요한 선택이란 이익을 따지는 것이 아니라, 그 과정을 통해 자아를 형성하고, 소중히 여기는 가치관을 확인하며, 우리가 어떤 사람인지 깨닫게 해주는 것이라고 나는 여전히 굳게 믿고있기 때문이다. 또 다른 한편으로는 선택의 갈림길에 서있는 젊은 친구들에게 잘못된 길을 가르치고 싶지 않기 때문이다. 상식을 존중하는 일은 매우 중요하다. 상식은 많은 사람의 인생 경험이 축적된 결과물이기 때문이다. 저장대학교를 그만두는 과정에서 미숙한 부분도 많았다. 만약 당신이 오직 '용감하게 다른 선택을 하라'는 관점만 따른다면, 결국 '현실에서 닭고기 수프에 속은 이야기'를 하게 될지도 모른다.

내가 배운 정말 중요한 것은 고통스러운 변화가 찾아와도 그것이 세상의 끝이 아니라는 사실이다. 당신은 여전히 잃어버린 것 속에서 많은 것을 얻을 수 있다. 무엇을 얻을 수 있을까? 아마도 우리가 '상식'으로 정한 규칙들이 자신에게 느슨해지기 시작한다는 것을 알게 될 것이다. '좋은 집에 사는 것이 중요하다' '좋은 성장 플랫폼이 중요하다' '승진과 연봉 인상이 중요하다' 'CEO가 되고, 이상적인 배우자를 만나는 것이 중요하다' 등의 명제들은 모두 맞지만, 반드시 그렇게 되어야 하는 것은 아니다. 상식은 우리가 어떤 결정을 할 때 유용한 도구가 되어야지 우리의 삶을 제한하는 족쇄가 되어서는 안 된다. 상식과 규칙을 이렇게 대할 수 있으면 안정감을 위해 억지로 규칙을 고수할 필요도, 상식에 반항하며 자신의 용감함과 비범함을 과시할 필요도 없다. 우리는 더 유연하고 자유롭게 변화할 수 있다.

그리고 우리는 상실을 통해 성장하기도 한다. 아마도 이는 우리의 심리 구조가 상실과 변화를 겪으며 재편성되기 때문일 것이다. 그리고 대부분의 경우 새롭게 형성된 심리 구조는 더 지혜로워지고, 상실을 받아들이며, 새로운 현실에 적응하는 능력을 갖추게 된다.

변화에 잘못된 길이란
없다

＊

＊　＊

＊

＊

이 장에는 매우 중요한 인생 이야기가 담겨있다. 학교를 그만두고 큰 상실감 속에서 새로운 자아를 찾기 시작한 여정을 기록했다. 한 편으로는 그 당시의 감정을 기록해 두어서 기쁘다. 너무 강렬한 감정은 오래 지속되기 어려워서 기록해 두지 않았다면 오늘의 내용은 모두 잊어버리고 이야기의 윤곽만 기억했을 것이다. 반면에 나는 이 부분을 읽기가 싫다. 마치 어른이 되어 중학교 때 썼던 일기를 읽는 것 같은 부끄러움이 느껴진다. 그 강렬한 상실감은 나의 미성숙함을 반영하기 때문이다. 하지만 나는 이 글을 수정하지 않기로 했다. 한 글자도 바꾸지 않기로 했다. 왜냐하면 이 글은 내 개인적인 이야기이자 변화를 이해하는 데 도움이 되는 소재이기도 하기 때문이다. 변화와 가까울수록 그 변화에 담긴 정보는 더 실제적이고 진실하며,

변화의 실체를 더 명확하게 볼 수 있다.

이 책의 초판이 나왔을 때, 중요한 인생 변화를 겪던 많은 독자가 이 장이 얼마나 큰 도움이 되었는지 이야기해 주었다. 그들은 내 변화의 이야기 속에서 상실감과 혼란을 발견했고, 이를 통해 자신의 상실감과 혼란 또한 이해받고 있다는 깊은 위로를 느꼈다고 말했다. 나는 중요한 변화가 결코 완벽한 이야기로 시작되지 않는다는 사실을 알려주고 싶어서 이 상실감과 혼란을 그대로 남겨두었다. 적어도 그 변화가 일어나는 순간에는 절대로 완벽하지 않았다. 완벽함이란 오랜 시간이 흐른 뒤에야 재정리된 결과일 뿐이다. 그래서 나는 이 이야기의 불완전함을 그대로 남겨두고 싶었고, 그 당시 내가 이야기를 전하던 방식 역시 그대로 유지하고자 했다. 그 속에서 당신은 내가 상실감을 극복하려는 노력, 자신에게 의미를 부여하려는 고뇌 그리고 '모두에게 나는 이겨냈다고 말하고 싶지만, 과연 그랬는지 여전히 의심스러운' 미묘한 머뭇거림을 발견할 수 있을 것이다.

변화 앞에서 두려움은 당연한 것이다

변화의 시기에는 자신에게 이야기를 많이 들려줘야 한다. 그 이야기가 변화를 완성하는 데 중요한 역할을 하기 때문이다. 내가 이 이야기를 수정하지 않은 이유는 당신 역시 완벽하지 않은 이야기를 마주하게 될 것임을 알기 때문이다. 그래서 이야기를 다듬는 대신, 그 결점들을 있는 그대로 모두에게 들려주려고 한다.

이 이야기의 한 가지 결점은 내가 이 선택을 한 용기를 과장했을 가능성이 있다는 점이다. 사실, 학교를 떠난 것은 치밀한 계획의 결과가 아니라 다소 감정에 휩쓸린 충동적인 선택이었다. 원래 계획대로라면 집을 배정받고 나서 떠났을 것이다. 아마 그랬다면 평생 떠나지 않았을지도 모른다.

이제 나는 모든 변화가 합리적인 계획의 산물은 아니라는 것을 안다. 변화에는 종종 충동이 수반되는 경우가 많다. 심지어 많은 변화는 도망가는 것에서부터 시작되기도 한다. 도망치는 것은 용감하다고 할 수 없지만, 나름대로 효과는 있다.

많은 사람이 내 변화가 충동에서 시작되었기 때문에 잘못된 선택을 한 건 아닐까 궁금해한다. 변화의 시기에는 때로는 충동이 미덕이 될 수도 있다. 사람들이 갈등을 완화하고 현 상태를 유지하려고 할 때, 변화 속의 충동은 갈등을 확대하고 충돌을 심화시켜 당신이 어려운 이탈을 완성할 수 있게 도와준다.

나의 변화에는 다른 변화들과 비교해서 어려운 부분도 있었고, 쉬운 부분도 있었다. 어려운 부분은 내가 포기한 것이 너무 컸기 때문에, 그 충동이 아니었다면 온전히 벗어나기 어려웠을 것이다. 하지만 그 충동 때문에 그것을 소화하기도 어려웠다. 쉬운 부분은 내가 항상 후퇴할 길을 찾고 있었다는 점이다. 저장대학교를 졸업한 뒤 잠시 다른 학교에 몸담은 것도 그런 맥락이었다. 그 학교에 늘 미안함이 있다. 그곳에 진심으로 머물고 싶었던 것이 아니라 그곳을 하나의 과도기적인 그릇으로 여겼다. 새로운 나를 길러내는 동안 생계에 대한 걱정 없이 지낼 공간이었다. 사실 그건 생계와는 상관없었고, 내 두려움과 관련이 있었다. 나는 안정감을 느끼기 위해 그런 그릇이 필요했다.

이 기회를 통해 변화의 시기에 두려움이 생기는 것은 아주 자연스러운 일이라는 것을 알려주고 싶다. 지금은 그 두려움이 별것 아니라고 느껴질 수 있지만, 변화 속에 있는 사람에게는 한 걸음씩 나아갈 때마다 마주하는 두려움이 굉장히 현실적으로 다가온다. 두려움이 있다는 것은 당신이 용감하지 않다는 뜻이 아니다. 오히려 그 두려움이 당신의 용기를 더욱 돋보이게 한다.

새로운 자아를 키워낼 그릇을 찾는다면, 그것을 사용해 보자. 충동적이었거나 주저했다고 해서 당신이 잘못된 길을 간 것은 아니다. 변화에는 잘못된 길이란 없다. 중요한 것은 자기만의 속도에 맞춰 앞으로 나아가는 것이다.

이 이야기의 두 번째 허점은 나와 저장대학교와의 관계다. 그 당시 느꼈던 상실감이 무엇이었는지 이제야 이해가 된다. 그것은 단순히 무언가를 잃은 것이 아니라 추방당한 느낌이었다. 내가 자의로 떠나든, 타의로 떠나든, 내가 동경하던 그 영광스러운 집단은 더 이상 나와 상관없는 것이 되어버렸다. 하지만 나는 어떻게든 그들과 계속해서 연결되려 애썼다. 변화가 그런 것이다. 당신은 한때 당신을 보호해 주던 집단을 떠나, 홀로 광야로 나서 새로운 집단을 찾는다. 당신은 다른 사람들에게 자신이 한때 그 영광스러운 집단의 일원이었음을 말하고 싶어 한다. 하지만 다른 이들의 눈에는, 당신은 그저 떠돌이일 뿐이다.

이제는 나도 조금 의심스럽다. 내가 저장대학교에서 했던 수업의 평가들이 괜찮았던 것 같은데, 혹시 과장된 것은 아니었을까? 그저 나쁘지 않은, 그저 괜찮은 수업일 뿐이었다. 학생들에게 그렇게 큰 영향을 끼친 것도 아니었고, 실제로 그렇게 훌륭한 것도 아니었다. 퇴직 막바지에 했던 수업은 좋지 않았다. 그 당시 나는 학교와의 관계를 강조함으로써 나 자신을 돋보이게 하고 싶었던 마음이 꽤 컸다.

그때만 해도 나는 이런 것들이 필요했고, 얼굴이 두껍지 않다 보니 부끄러웠다. 이제는 더는 그럴 필요가 없어졌다. 내가 그때 했던 방식이 학교의 명성을 떨어뜨리는 일이었을까? 어쩌면 그랬을지도 모른다. 하지만 그것은 내 경험이었고, 내가 억지로 꾸며낸 것은 아니다. 지금도 누군가 특정 학생이 학교의 명성을 이용한다고 비판할 때, 나는 학교가 오히려 기뻐해야 한다고 생각한다.

"아이고, 감사합니다. 드디어 학생들에게 뭔가 좋은 일이 생기는군요!"

그게 아니면 어쩌겠는가?

변화의 시기에 조직을 떠나면 오히려 그 조직을 동경하게 된다. 이것이 추방당한 느낌을 받는 원인이다. 그러나 자아가 서서히 성장하면 보다 평온하고 균형 잡힌 태도를 갖게 될 것이다. 예를 들어 모교가 당신을 자랑스러워한다면, 당신도 모교를 자랑스럽게 여길 수 있다. 그것은 좋은 일이다. 신화적 관점에서 보면, 일부 유명 대학들은 신성한 부족을 상징하며, 이러한 신성함은 수많은 훌륭한 동문의 전설과 함께 만들어진 것이다. 그러나 만약 모교가 당신에게 무관심하거나 불행히도 당신을 부끄러워한다면, 당신도 모교를 부끄러워할 수 있어야 한다. 사실 학교가 당신을 부끄러워하는 것이 아니라 교내 일부 사람들이 당신을 부끄러워하는 것이다. 그들은 이기적이면서도 스스로는 그 사실을 깨닫지 못하고, 그저 성공한 동문과의 관계를 과시하는 것을 좋아하면서 덜 성공한 동문의 흔적은 지우고 싶어 한다. 당신에게도 그들을 부끄럽게 여길 이유는 충분하다.

나는 이 변화하는 시기에 자신이 이용할 수 있는 모든 자원을 활용하라고 말하고 싶다. 다른 사람의 시선을 신경 쓰지 마라. 특히 당신을 무시하는 사람들의 시선 말이다. 그들이 더 강해 보이고, 더 옳아 보이고, 더 많은 사람을 대표하는 것처럼 보일지라도 겁먹을 것 없다. 때로 당신이 신경 쓰는 것은 실제 다른 사람의 시선이 아니라, 당신이 상상하는 다른 사람의 시선일 수 있다. 그조차도 괜찮다. 당신이 자신을 바라보는 시선 또한 바뀔 수 있기 때문이다. 자아의 변화는 당신이 가야 할 길이며, 그 길을 잘 걷는 것은 다른 사람과 상관없다. 오직 당신만이 그 길을 제대로 걸을 수 있다.

이 이야기의 세 번째 허점은 내가 너무 조급하게 밝은 결말을 이야기하고 싶어 했다는 점이다. 그래서 당시의 결말이 조금 초라해 보였다. 실제로 앞에서 언급한 당시 몇천 명이 참여한 라이브 방송은 나중에 내가 앱에서 개설한 20만 명이 참여한 '자기 발전 심리학' 강의나 이를 바탕으로 50만 부 가까이 판매된 책『인생에 정답은 존재하지 않는다』와 비교하면 별로 대단한 것은 아니었다. 당시에 왜 이런 말을 했는지 알겠다. 이 경험의 의미를 찾았고 내 삶의 중요한 자원이 되었다고 자신에게 알리기 위해서는 좀 더 성공적인 플롯이 필요했다. 더 설득력 있는 이야기는 몇 년 후에나 나올 것이라는 걸 미처 예상하지 못했던 것이다.

사실 이것은 허점이라고 할 수 없다. 그 당시의 작은 발전 하나하나에 나는 깊은 의미를 부여하려 했다. 그것을 꼭 붙잡고, 이미 나는 벗어났고, 새로운 시작을 했다고 자신에게 말할 필요가 있었다.

내가 왜 이 이야기의 허점을 공유하고 싶었을까? 그것은 나의 솔직함을 드러내고 싶어서가 아니다. 나는 그저 내 이야기를 통해 변화의 심리적 법칙을 공유하고 싶었다. 변화하는 시기에는 우리가 모두 변화의 의미를 이해하고, 길을 찾으며, 혼란과 불안을 극복하기 위해 자기 이야기를 만들려 노력한다. 그것은 옳은 일이다. 이야기의 완성에 집착할 필요는 없다. 당신의 이야기가 충분히 완성되지 않았다고 걱정하며 두려워하지 말고, 그 이야기를 다른 사람과 나누자. 허점이 있는 이야기를 두려워하지 말라. 플롯은 채워질 것이고, 허점은 보완될 것이다. 이야기는 하다 보면 점점 평탄해지고 완전해진다.

자기 변화의 길을 가라

나는 직장에서 가스라이팅 하는 사람(상대의 감정을 조종하는 사람)으로 인해 고통받는 내담자를 만난 적이 있다. 상사는 그녀를 보호한다는 명분으로 지나치게 통제했고, 이로 인해 그녀에게 큰 불편함을 주었다.

그녀는 용기를 내어 그 관계에서 벗어났지만, 종종 자신이 충동적으로 직장에서 중요한 기회를 놓친 것은 아닌지 후회했다. 그러던 어느 날, 결국 참지 못하고 다시 전 상사를 찾아가 관계를 되돌릴 수 있는지 물었다. 그러나 그는 단호하고 무례하게 그녀를 거절했고, 오히려 그녀가 자신을 이용했다고 비난했다.

그 순간, 그녀는 큰 괴로움에 빠졌다. 그녀의 고통은 단순히 전 상사의 거절 때문만이 아니었다. 전 상사를 찾아갔던 그 행동으로 자신만의 이야기를 잃어버린 것 같았다. 이전에는 아무리 힘들어도 자신이 전 상사에게 용감하게 저항해 부적절한 관계에서 벗어났다고 위안할 수 있었다. 그런데 이제는 충동적인 결정을 내리고 후회하며 버림받고 다시는 돌아오지 못하는 나약한 자아의 이야기가 되었다.

나는 그녀에게 물었다.

"전 상사가 거절할 거라고 예상했나요?"

"물론이죠. 저는 그를 잘 알아요. 분명 거절할 거라고 생각했어요."

그래서 나는 말했다.

"제가 보기에는 그건 용감한 저항의 이야기네요. 당신이 전 직장을 떠나기로 한 순간부터, 그 이야기는 시작되었어요. 당신이 다시 전 상사를 찾은 것은 단지 더 이상 후회하거나 갈등하고 싶지 않아서, 스스로 벽에 부딪혀 미련을 끊으려 한 것뿐이에요. 시도했다는 것이 중요하죠."

그렇지 않은가? 변화는 매우 어렵다. 변화는 혼란과 반복, 갈등으로 가득 차있다. 단호하게 떠나지 않으면 쉽게 벗어나기 어렵다. 만약 그런 이야기가 당신이 변화를 이루는 데 도움이 된다면, 그 이야기를 하면 된다. 당신을 무력하게 만드는 이야기가 아닌 당신에게 유리한 이야기를 하자.

내가 예전에 했던 이야기를 돌아보면서 더 명확하게 보게 된 부분이 있다. 비록 많은 허점이 있었지만, 나는 그것이 하나의 전설이라고 생각한다. 나는 그 당시 나의 용기가 놀랍고, 인생의 신비로움이 감탄스럽다. 부족을 떠나 먼 곳으로 나를 찾으러 가서, 내가 되고 싶은 모습으로 서서히 변할 때, 나는 변화의 과정과 그 의미를 더 잘 이해하게 되었다. 그리고 그것은 내가 하는 일에 깊은 영향을 미쳤다. 나는 변화를 돕는 훈련 캠프를 만들어 사람들이 건강한 변화를 이루도록 도왔다. 가까운 미래에는 변화에 관한 책도 쓸 예정이다. 내가 아는 변화에 관한 지식과 이야기를 함께 나눌 것이다.

하지만 나에게도 여전히 변화의 어려움에 관한 두려움이 남아있다. 학생들이 기존 직업과 관계를 떠나 새로운 자아를 찾으려 한다고 말할 때마다 가슴이 철렁하곤 한다. 특히 나에게 영향을 받아 이런 선택을 한다고 말할 때 더욱 그렇다. 그 길의 어려움을 잘 알기에 나는 더 신중해진다. 나는 그들에게 '변화가 정말로 갈만한 길일까? 다른 길은 없을까? 정말로 변화가 필요한 시점인가?'라고 묻는다.

그리고 나 자신에게도 묻는다. 내가 변화의 법칙을 다른 사람에게 가르칠 때, 내가 걸어온 길은 보편적인 법칙을 증명하는 것일까, 아니면 단지 내가 운이 좋아서 중요한 기회를 얻었기 때문일까? 만약 내가 성공하지 못했다면 그때의 결정에 대해 다르게 생각하지 않았을까?

이 질문을 자신에게 던졌을 때, 답을 알았다. 그리고 확신할 수 있었다. 그것은 단지 운 때문이 아니라고 말이다. 내가 요약한 길은 보편적인 법칙이다. 나 자신의 성장, 학생들의 피드백 그리고 많은 사람의 성장 과정을 통해 그 법칙이 계속해서 드러났기 때문이다.

마지막으로 어쩌면 가장 중요하지 않은 것은, 나중에 내가 새집을 샀다는 것이다. 이전 집보다 더 크고 더 좋으며, 우연히도 학교 근처에 있다. 이것은 의도한 보상이 아니었다. 단지 내 아내가 좋아하는 아파트 단지가 그 근처에 있었을 뿐이다. 이러한 우연은 현실에서는 중요하지 않을 수 있지만, 은유적으로는 매우 중요하다. 그것은 나에게 당신이 잃어버린 것은 다른 곳에서 다시 얻게 될 것이라고 그리고 당신이 잃었던 것보다 훨씬 더 좋을 것임을 알려준다. 이것이 자기 변화의 길을 걸을 때 우리에게 주어지는 보상이다.

또한 이야기도 중요하다. 지금 나는 또 다른 새로운 이야기를 들려주었다. 그리고 이 새로운 이야기는 새로운 전개로 이어지게 되었다. 그리고 그것은 아직 끝나지 않았다. 계속해서 새로운 시작이 펼쳐질 것이다. 당신도 자신만의 인생 이야기를 찾기를 바란다.

누구에게나 슬픔과
고통, 방황의
시기는 찾아옵니다

SNS 라이브 방송을 마치고 한 독자에게 편지를 받았다.

안녕하세요, 선생님!

저는 '어떻게 끝내고, 어떻게 시작할 것인가' 라이브에 참여한 사람입니다. 늦게 등록해서 입석 티켓만 구할 수 있었는데, 발언할 기회를 얻지 못해서 무척 아쉬웠습니다. 저는 오래전부터 선생님께 감사의 마음을 전하고 싶었습니다. 좋은 영향을 많이 받은 덕분에 제 삶이 크게 달라졌습니다.

지난 몇 년간 제 삶에 큰 변화가 있었습니다. 처음에는 모든 게 지나가리라 생각해서 힘차게 앞으로 나아가야 한다고 생각했죠. 하지만 모든 것이 예상대로 흘러가지 않았습니다. 끊임없이 자신을 책망하고 부정했습니다. 제 삶이 정체된 것 같았습니다.

하지만 결국, 저는 다시 일어섰습니다. 그리고 선생님의 라이브 방송으로 지난 1년간 겪었던 삶의 경험과 개인적인 깨달음을 정리하고 확인할 수 있었습니다. 저는 20년 넘게 '엄친아'로 살아왔고, 순탄한 인생을 걸어왔습니다. 제가 어렸을 때만 해도 학교에서는 항상 어려운 일이 닥치면 긍정적이고 용감하게 나아가야 한다고 가르쳤습니다. 하지만 이런 사고방식은 지난 여러 사건을 겪으며 오히려 저를 더 힘들게 했습니다. 누군가가 '이별에도 나름의 리듬이 있다' '방황은 필연적이다'라고 말하는 것을 들었을 때는 얼마나 감동하고 기뻤는지 모릅니다. 드디어 저의 고통과 치유 경험을 이해받고, 인정받는 것 같았습니다. '슬픔과 고통은 정상적인 일이고, 방황의 시기도 누구에게나 오는 것이구나' 하고요. 하지만 저의 20년 넘는 삶에서 그 누구도 저에게 이런 말을 해준 적이 없었습니다.

과거에 제가 방황하던 시기에 선생님께서 말한 것처럼 제 삶에서 완전히 새로운 무언가가 자라났습니다. 그중 가장 소중하고 신기한 경험은 제가 그전에는 읽을 수 없었던 문학 작품들을 차분히 읽을 수 있게 되었다는 것입니다. 자신을 의심하고, 부정하고, 사람들과 거리를 두는 그 시간 동안 누군가가 이런 고통과 갈등 그리고 그 속에서의 구원을 글로 표현하는 것을 보며 저는 결코 혼자가 아님을 느낄 수 있었습니다. 제 독서 목록에는 선생님께서 말씀하신 주제와 맞아떨어지는 두 권의 책이 있는데, 하나는 무라카미 하루키의 『색채가 없는 다자키 쓰쿠루와 그가 순례를 떠난 해』이고, 또 하나는 릴케의 『젊은 시인에게 보내는 편지』인데, 그야말로 '변화와 갱

생'이라는 주제를 가장 시적으로 해석한 작품들입니다.

릴케의 『젊은 시인에게 보내는 편지』의 몇 구절을 나누면서 이 편지를 마무리하겠습니다.

"땅 위의 모든 민족 초창기에 생겨났던 신화들을 어떻게 잊을 수가 있으며, 아슬아슬한 순간에 공주님들로 변하는 용의 전설들을 어떻게 잊겠습니까? 모르긴 해도 우리 생활의 모든 용은, 언젠가 우리가 아름답고 용기 있게 모일 때를 기다리고 있는 공주들일지도 모릅니다. 깊은 심연에 도사린 무서운 것들도, 실은 오히려 우리에게 도움을 원하는 무력한 존재인지도 모릅니다."

"삶의 여정에서 당신 앞에 여태껏 본 적 없는 어마어마한 슬픔이 솟아난다고 해도 놀라지 마십시오. 불안이 빛과 구름의 그림자처럼 당신 손 위에, 당신이 하는 모든 일 위에 드리우더라도 놀라지 마십시오. 당신에게 어떤 일이 일어나더라도 삶이 당신을 잊지 않았으며 당신을 손에 꼭 쥐고 있다는 점을 떠올려야 합니다. 삶은 당신이 추락하도록 놔두지 않을 것입니다."

"병이란 유기체가 이질적인 것에서 자신을 해방하는 수단임을 명심하십시오. 그러므로 유기체가 병에 걸리도록, 그리하여 그 병을 낑낑대며 충분히 앓도록 도와주어야 합니다. 유기체로서는 이것이 발전이기 때문입니다. 당신 내부에서는 지금 이처럼 많은 일이 벌어지고 있습니다. 당신은 환자처럼 인내심이 있어야 할 뿐만 아니라 회복기에 있는 사람처럼 확신도 가져야만 합니다. 왜냐하면 당신의 지금 상태는 양쪽 모두에 해당하기 때문입니다. 나아가서 당신은 자신의 몸 상태를 관찰해야 할 의사이기도 합니다. 그러나 어떤 병이든 의사에게 도움을 받지 못하고 마냥 기다려야 하는 많은 날이 있기 마련입니다. 그리고 당신이 당신의 병을 치료할 의사로서 지금 할 수 있는 일이란 무엇보다도 바로 이것, 즉 가만히 기다리는 일입니다."

"당신이 어린 시절부터 얼마나 위대한 삶을 동경했는지 회상해 보십시오. 이제 그것이 보다 더 큰 것을 동경하고 있다는 사실을 저는 압니다. 그러므로 삶은 언제나 어렵지만 성장을 멈추지 않습니다."

선생님, 본인의 경험을 공유해 주셔서 감사합니다. 최근 선생님의 일과 생활에도 많은 변화가 있다는 것을 알았습니다. 이 과정이 제 정신적 성장과 삶을 다시 세우는 데 깊은 영향을 끼쳤다는 것을 꼭 알아주셨으면 합니다. 삶이 다른 삶에 영향을 미치는 것만큼 아름다운 일은 없을 것입니다.

끝과 시작, 그 끊임없는 변화는 삶의 증표

예전에 '행복 수업'을 할 때 사람들은 항상 나에게 묻곤 했다.

"당신은 행복한가요?"

나는 보통 "행복에는 여러 가지 정의가 있죠" "행복은 하나의 과정입니다" 같은 애매한 대답을 내놓곤 했다. 하지만 지금 나에게 같은 질문을 한다면 나는 확신 있게 대답할 수 있다.

"네, 저는 지금 행복합니다."

그리고 이 대답이 정지된 종착점이 아니라, 새로운 여정의 시작점이라는 것을 잘 안다. 이 새로운 시작에 진심으로 감사하다.

나에게는 편히 머물 집이 있다. 조금 오래된 집이지만, 조용히 책을 읽고 글을 쓸 수 있는 큰 서재도 있다. 화목한 가족과 사랑스러운 딸, 소중한 친구들, 무엇보다 나를 신뢰하는 내담자들도 있다. 가장 중요한 것은 나 자신과 다른 사람에게 의미 있는 일을 할 수 있다는 사실이다. 이 일을 하면서 내가 무엇을 해야 하고, 하지 말아야 할지를 판단할 수 있게 되었고, 남의 평가에 신경 쓰지 않게 되었다. 또 무언가를 빨리 성취해야 한다는 압박감에서도 벗어날 수 있었다.

나는 운이 참 좋은 사람이다. 삶이 나에게 준 것은 정말 기대 이상이다.

그리고 내 삶은 여전히 계속되고 있다. 가끔은 나도 내 이야기가 어떻게 끝나기를 바라는지 궁금하다. 예전에 누군가가 했던 질문이 기억난다.

"나이가 든다는 것은 어떤 느낌인가요?"

닉네임 YannF 님은 자신이 만난 한 노교수를 이렇게 묘사했다.

> 백발이라 나이를 가늠할 수 없는데 한 60대 후반 정도 되신 것 같아요. 보청기를 꼈는데도 가끔 말소리가 잘 들리지 않아서 그럴 때면 학생들에게 사과하고 다시 한번 말해달라고 요청합니다. 그의 아버지는 한때 500명 규모의 회사를 운영했지만, 대공황 시기에 사업이 점차 축소되었고, 집안은 장원의 세금을 감당할 수 없게 되었습니다. 그래서 결국 땅을 팔고, 회사의 책상과 의자까지 팔게 되었습니다. 그는 부와 가난을 모두 경험해 봤습니다. 중년에 회사를 설립해 현재까지 자선 활동을 이어오고 있습니다. 사랑하는 아내를 잃었고, 다시 가정을 꾸렸습니다. 그 후 그는 여전히 건강하고 눈빛이 빛나며, 강단에 서서 책 속의 이론을 해석하고 자신의 경험을 나누었습니다. 그의 눈빛과 그를 바라보는 학생들의 눈빛을 보면서 경험과 득실 그리고 의미는 결국 시간 속에 녹아들어 하나의 인생으로 축적된다는 것을 깨달았습니다. 그것은 오직 당신만의 것이며, 유일무이한 것입니다.

내가 기대하는 이야기의 결말은 이 노교수의 이야기와 같다. 아무리 나이가 들어도 눈빛이 빛나기를 바란다. 돈을 많이 벌거나 큰 성공을 이룰 필요는 없다. 나는 그저 내 자리에서 자유롭고 여유롭게 살아가고 싶다. 능력 이상의 명성을 추구하지 않으며, 스스로 성장할 기회를 놓치고 싶지 않다. 착실하게 집중해서 살고 싶다. 고통과 웃음 속에서 운명이 주는 모든 것을 경험하고 싶다.

끝-중립지대-새로운 시작, 삶은 이렇게 순환하며 계속 이어진다.

하지만 끝은 나에게도, 당신에게도 그리고 우리 모두에게도 새로운 시작이기를 바란다.

생각과 실천

♥ 지금 당장 따라 해보기

1 과거와 작별하기

변화의 시기에 있다면 다음 의식을 시도해 보자.

① 어느 밤, 조용한 공간에서 조명을 약간 어둡게 조절하자. 원한다면 촛불을 켜도 좋다.

② 작별하고 싶은 그 시절을 상징하는 물건을 찾아보자. 이 물건은 사진이나 책, 기념품이 될 수도 있다. 그 옛날을 대표하고 그때의 감정을 불러일으킬 수 있는 물건이면 된다.

③ 그 시절의 어떤 것과 작별하고 싶은지 생각해 보자. 사람, 사건, 환경, 정체성…

④ 이제 작별 인사를 하자.
"이제 너와 작별할 시간이야. 새로운 삶을 향해 천천히 나아가겠어."
또는 당신이 하고 싶은 다른 말을 해도 좋다.

⑤ 종이봉투나 포장지에 싸서 보관해 두자.

2 생명선 그리기

태어나서 지금까지의 생명선을 그려보자.
출생 ————————————————————→ 현재
이 생명선에서 중요한 전환점이 된 시기를 표시해 보자. 시기마다 다음 질문들을 적어보자.

① 그 변화는 언제 일어났는가?

② 그 변화는 어떻게 끝났고, 어떻게 새로운 시작을 맞이했는가?

③ 그 변화가 당신에게 주는 의미는 무엇인가?

④ 그 변화를 통해 어떻게 지금의 당신이 되었는가?

3   90세의 시점에서 지금의 나를 되돌아보기

이제 눈을 감고 90세가 되었다고 상상해 보자. 피부는 주름으로 가득하고, 머리카락은 거의 백발이 되었고 숱도 많이 줄었다. 당신은 뜰에 있는 흔들의자에 누워 따뜻한 햇볕을 쬐고 있다. 인생의 굴곡을 모두 겪었고, 이제 평온한 노년을 보내고 있다. 인생의 비밀도 이미 풀렸다.

이제 당신은 자신의 삶을 되돌아보려고 한다. 오래전, 이 연습을 하던 당신이 떠오른다.

90세의 당신이 볼 때, 지금의 당신은 한창이다. 90세 당신은 지금 당신의 삶을 어떻게 바라볼까?

그는 당신이 지금의 길을 계속해서 가라고 할까, 아니면 약간의 변화가 필요하다고 생각할까?

그는 당신의 혼란스러운 상황을 어떻게 생각할까? 만족할까, 동정할까, 아니면 조금 짜증이 날까?

그는 당신에게 더 많은 모험을 권할까, 아니면 이미 가진 것을 소중히 여기고 더 이상의 불필요한 혼란을 겪지 말라고 할까?

만약 답을 찾았다면, 심호흡하고 천천히 눈을 뜨고 현재로 돌아오자.

어떤가? 90세의 당신은 지금의 당신에게 무슨 말을 해주었나?

♥ 당신에게 하고 싶은 질문
───────────────────────────

① 만약 모든 정체성과 역할, 사회적 지위를 벗어난다면 당신은 자신을 어떻게 묘사할 것인가?

② 당신 인생에서 가장 혼란스러웠던 시기는 언제였나? 그때 어떻게 이겨냈는가?

③ 어떤 상황이나 역할, 관계에서 벗어나고 싶은 열망을 가졌던 때는 언제인가? 이후에 무슨 일이 일어났는가?

④ 변화의 과정에서 경험한 혼란스럽고 취약한 순간은 언제였는가? 어떻게 극복했는가?

⑤ 당신은 지금 변화가 필요하다고 느끼는가? 만약 변화를 겪어야 한다면 가장 두려운 점은 무엇인가? 가장 기대되는 점은 무엇인가?

♥ 스스로에게 던지는 질문
───────────────────────────

① 인생에서 경험한 가장 중요한 변화를 떠올려 보자. 왜 그때 이런 변화가 일어났는가? 왜 나에게 그런 변화가 일어났을까? (지금 변화를 겪고 있다면, 왜 지금일까?)

② 이 변화에서 가장 끝내고 싶지 않았던 사람이나 일은 무엇인가? 그 이유는 무엇인가?

③ 결국, 그 변화는 어떻게 끝났고, 또 어떻게 새로운 시작을 맞이했는가?

④ 변화의 과정에서 무엇을 포기했고 무엇을 얻었는가?

⑤ 그 포기와 얻음이 지금의 나에게 어떤 의미가 있는가?

바꿀 수 없는 것을
바꾸지 않을 용기

펴낸날 2026년 2월 20일 1판 1쇄

지은이 천하이셴
옮긴이 박영란
펴낸이 金永先
편집 김샛별
디자인 검정글씨

펴낸곳 더페이지
주소 경기도 고양시 덕양구 청초로 10 GL 메트로시티한강 A1-2002호
전화 (02) 323-7234
팩스 (02) 323-0253
홈페이지 www.mfbook.co.kr
출판등록번호 제 2-2767호

ISBN 979-11-94156-37-6 (03190)

더페이지와 함께 새로운 문화를 선도할 참신한 원고를 기다립니다.
이메일 dhhard@naver.com (원고 투고)